마음
으로
읽는
장자

길 잃은 세상에서 죽어가는 마음을 살리다

마음으로 읽는

장자 莊子

장자 지음 ㅣ 조현수 엮고 옮김

책세상

차례

슬픔

길 잃은 사람들

위험한 앎

어떻게 살아야 하는가

운명

즐거움

마음이 살아 있는 사람들

세상의 본래 모습

죽어가는 마음을 어떻게 회복할 것인가

사랑

돌봄

슬픔

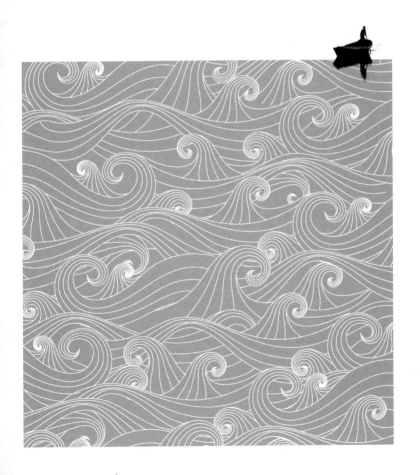

세상에서 가장 슬픈 일

세상에서 가장 슬픈 일은 마음이 죽는 것입니다.

— 〈전자방〉

夫哀莫大於心死

— 〈田子方〉

좋다 싫다는 판단 때문에

좋다 싫다는 판단으로 마음이 죽어갑니다.

—〈천지〉

趣舍滑心 使性飛揚

—〈天地〉

어쩌다가 판단을 하게 되었을까요?

자연스러운 길道이 무엇에 가려져 참이니 거짓이니 진위 판단을 하게 된 걸까요? 말言은 무엇에 가려져 옳다 그르다 시비 판단을 하게 된 걸까요? 자연스러운 길은 어디로 사라지고 없는 걸까요? 말은 제 구실 못하고 어디에 있는 걸까요? 자연스러운 길은 사소한 성공에 가려지고 말은 화려한 영광에 가려졌습니다.

― 〈제물론〉

道惡乎隱而有眞僞 言惡乎隱而有是非 道惡乎往而不存 言惡乎存而不可 道隱於 小成 言隱於榮華

― 〈齊物論〉

17

죽어가는 마음

옳고 그름을 따질 때는 활 틀의 화살처럼 모질게 튕겨 나
갑니다. 이기겠다는 고집은 맹세한 듯 끈덕집니다. 마음은
초겨울 초목처럼 날로 시들어가는데 헤어날 길을 잃었습니
다. 낡은 탐욕에 빠져 마음의 문이 닫혔습니다. 죽어가는 이
마음, 살아날 길이 없습니다.

— 〈제물론〉

其發若機栝 其司是非之謂也. 其留如詛盟 其守勝之謂也. 其殺若秋冬 以言其日消
也. 其溺之所爲之 不可使復之也. 其厭也如緘 以言其老洫也. 近死之心 莫使復陽也.
— 〈齊物論〉

인생이란 진정 이렇게
어두운 건가요?

한번 몸을 받고 태어나면 죽을 때까지 아무것도 버리지 못합니다. 서로 죽이고 해치며 사는 우리 삶은 달리는 말처럼 멈출 줄을 모릅니다. 이 또한 슬프지 않습니까? 죽는 날까지 일만 하고도 잘된 건 아무것도 보지 못하고 고달픈 인생의 끝에서 돌아가 쉴 곳을 모릅니다. 어찌 애달프지 않겠습니까? 그래도 목숨은 부지했다 말하지만 그 이상 뭐가 더 있겠습니까? 몸이 가면 마음도 따라 가는 것, 정말 슬프지 않습니까? 인생이란 진정 이렇게 어두운 건가요? 나만 이런 건가요? 안 그런 사람도 있는 건가요?

— 〈제물론〉

一受其成形 不忘以待盡 與物相刃相靡 其行盡如馳 而莫之能止 不亦悲乎 終身役役而不見其成功 苶然疲役而不知其所歸 可不哀邪 人謂之不死 奚益 其形化 其心與之然, 可不謂大哀乎 人之生也 固若是芒乎 其我獨芒 而人亦有不芒者乎

— 〈齊物論〉

06

길 잃은 세상

세 사람이 가다가 한 사람이 길을 잃어도 목적지에 이를
수 있습니다. 길 잃은 사람이 적기 때문입니다. 그러나 두
사람이 길을 잃으면 애를 써도 목적지에 이르지 못합니다.
길 잃은 사람이 많기 때문입니다. 그런데 지금 세상 사람들
이 모두 길을 잃었습니다. 자기가 가고 싶은 길이 있어도 갈
수가 없습니다. 슬프지 않습니까? 세속의 사람들에게는 위
대한 음악이 귀에 들리지 않습니다. 그들은 그저 '버들가지
를 꺾어서折楊', '눈부신 꽃들皇荂' 같은 노래를 들으며 환호
성을 울리며 즐거워합니다. 그러니 고상한 말이 그 사람들
의 마음에 머물 리 없고, 그 사람들에게서 순수한 말至言이
나올 수 없습니다. 비속한 말이 너무 많습니다. 두 사람이
잘못된 길에 들어서도 길을 잃고 목적지에 갈 수 없는데 지
금은 온 세상이 길을 잃었습니다.

— 〈천지〉

三人行而一人惑 所適者 猶可致也 惑者少也 二人惑則勞而不至 惑者勝也 而今也
以天下惑 予雖有祈嚮 不可得也 不亦悲乎 大聲 不入於里耳 折楊皇荂 則嗑然而
笑 是故 高言不止於衆人之心 至言不出 俗言勝也 以二垂踵惑 而所適不得矣 而
今也 以天下惑

—〈天地〉

21

길 잃은 사람들

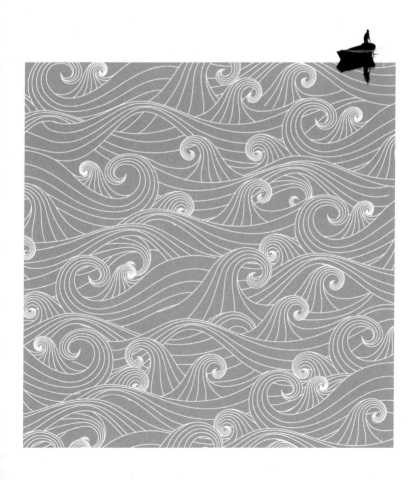

앎에도 장님과 귀머거리가 있습니다

아침에만 피는 버섯은 아침저녁을 모르고 여름 한철 쓰르라미는 봄가을을 모릅니다. …… 몸에만 장님과 귀머거리가 있는 것이 아닙니다. 앎에도 장님과 귀머거리가 있습니다.

—〈소요유〉

朝菌不知晦朔 蟪蛄不知春秋……豈唯形骸有聾盲哉 夫知亦有之

—〈逍遙遊〉

앎으로는 부족합니다

우리는 자기가 마주친 것은 압니다. 그러나 마주치지 않은 것은 모르게 마련입니다. 자기가 할 수 있는 것은 어떻게 하는지 압니다. 그러나 할 수 없는 것은 어떻게 하는지 모릅니다. 모르는 것이나 할 수 없는 것은 정말 우리가 어쩔 수 없는 것입니다. 자기가 어쩔 수 없는 것을 어떻게 해보려 애쓰니 슬프지 않습니까? …… 앎으로 모든 것을 이해하려 한다면 부족할 수밖에 없습니다.

─〈지북유〉

夫知遇 而不知所不遇 知能能而不能所不能 無知無能者 固人之所不免也 夫務免乎人之所不免者 豈不亦悲哉……齊知之所知則淺矣

─〈知北遊〉

본래 같다는 것을 모릅니다

한 가지에 집착해서, 본래 같다는 것을 모릅니다. 이것을
'조삼朝三'이라고 합니다. '조삼'이 뭘까요? 원숭이를 기르
는 사람이 있었습니다. 그가 원숭이들에게 도토리를 주면
서 "아침에 세 개, 저녁에 네 개를 주겠다"고 했습니다. 원
숭이들이 모두 화를 냈습니다. 그러자 그는 "그러면 아침에
네 개, 저녁에 세 개를 주겠다"고 했습니다. 원숭이들이 모
두 기뻐했습니다. 도토리의 총 개수엔 달라진 것이 없습니
다. 그런데 원숭이들이 화를 내고 기뻐하는 것이 결정적 작
용을 했습니다. 이것도 나름대로 옳다는 판단에 따른 것입
니다.

— 〈제물론〉

勞神明爲一, 而不知其同也 謂之朝三 何謂朝三 狙公賦芧曰 朝三而暮四 衆狙皆
怒曰 然則朝四而暮三 衆狙皆悅 名實未虧而喜怒爲用 亦因是也

— 〈齊物論〉

27

이미 좋다고 이야기되는 것에 대해 아니라고 할 줄 모릅니다

사람들 모두 모르는 것에 대해 알려고 합니다. 그런데 이미 알고 있는 것에 대해 제대로 알려고 하지는 않습니다. 사람들 모두 나쁘다는 것에 대해 아니라고 할 줄은 압니다. 그런데 이미 좋다고 이야기되는 것에 대해 아니라고 할 줄은 모릅니다.

—〈거협〉

天下皆知求其所不知 而莫知求其所已知者 皆知非其所不善 而莫知非其所已善者
—〈胠篋〉

우물 안 개구리

개구리가 동해의 자라에게 말했습니다.

"난 즐거워. 난 우물 난간 위에서 뛰어놀다가 우물 안으로 들어가 깨진 벽돌 끝에서 쉬곤 해. 물 위에 엎드릴 때는 겨드랑이를 찰싹 붙이고 턱을 들지. 진흙을 찰 때는 발이 빠져서 진흙이 발등을 덮어버려. 장구벌레나 게나 올챙이가 사는 것하고 비교해봐도 내 삶이 최고야. 우물 안 물이 전부 내 거야. 우물 안의 즐거움! 정말 최고야. 너도 한번 들어와 볼래?"

동해의 자라가 우물 안으로 왼발을 들이려 하자 오른쪽 무릎이 우물에 꽉 끼어버리고 말았습니다. 자라는 당황해 뒤로 물러나며 개구리에게 바다 이야기를 해줍니다.

"천 리 길이 멀다지만 바다의 크기를 말하기엔 부족해. 천 길이 높다지만 바다의 깊이를 말하기엔 부족해. 우 임금 시절에 십 년 동안 아홉 번이나 홍수가 났어. 그러나 바닷물은 불지 않았어. 탕 임금 시절에 팔 년 동안 일곱 번이나 가뭄이 들었어. 그러나 바닷물은 줄지 않았어. 바다는 시간이 흘러도 바뀌지 않아. 바닷물은 많아지거나 적어지지도 않고 늘거나 줄지도 않아. 이런 것이 바로 동해 바다에 사는 큰 즐거움이야."

우물 안 개구리는 이 말을 듣고 너무 놀라 그만 얼이 빠져 버렸습니다.

—〈추수〉

埳井之䲓⋯⋯謂東海之鱉曰 吾樂與 吾跳梁乎井幹之上 入休乎缺甃之崖 赴水則接腋持頤 蹶泥則沒足滅跗 還虷蟹與科斗 莫吾能若也 且夫擅一壑之水 而跨跱 埳井之樂 此亦至矣 夫子 奚不時來 觀乎 東海之鱉左足未入而右膝已縶矣 於是 逡巡而却 告之海 曰 夫千里之遠 不足以擧其大 千仞之高 不足以極其深 禹之時十年九潦 而水弗爲加益 湯之時八年七旱 而崖不爲加損 夫不爲頃久推移 不以多少進退者 此亦東海之大樂也 於是 埳井之䲓聞之 適適然 驚 規規然自失也

—〈秋水〉

30

진짜 앎은 삶 속에서 터득됩니다

환공이 당상에서 책을 읽고 있었습니다. 목수 윤편이 당하에서 수레바퀴를 깎고 있다가 몽치와 끌을 내려놓고는 환공을 올려다보며 물었습니다.

윤편 감히 여쭙니다. 임금께서 읽고 계신 책은 어떤 말을 쓴 것입니까?

환공 훌륭한 분의 말씀이다.

윤편 그 훌륭한 분이 살아 계십니까?

환공 이미 돌아가셨다.

윤편 그렇다면 임금께서 읽고 계신 것은 옛사람의 찌꺼기입니다.

환공 과인이 책을 읽고 있는데 어찌 바퀴 만드는 자 따위가 시비를 건단 말이냐! 이치에 닿는 설명을 하면 용서하겠지만 그렇지 못하면 죽음을 면치 못할 것이다.

윤편 저는 제가 하는 일로 말씀드리겠습니다. 바퀴를 깎을 때 너무 깎으면 헐렁해서 고정할 수 없고 덜 깎으면 뻑뻑해서 들어가지 않습니다. 더 깎지도 덜 깎지도 않는 것은 손의 감각으로 터득하고 마음으로 느낄 뿐이지 입으로 말할 수가 없습니다. 거기에 비결이 있습니다만 제 자식 놈에게도 깨우쳐줄 수가 없습니다. 제 자식 놈도 저한테 배울 수가 없습니다. 그래 제 나이 칠십에 아직도 수레바퀴를 깎고 있습니다. 옛날 분도 전해줄 수 없는 것과 함께 돌아가셨으니 임금께서 읽고 계신 책은 옛날 분의 찌꺼기일 뿐입니다.

— 〈천도〉

桓公讀書於堂上 輪扁斲輪於堂下 釋椎鑿 而上問桓公曰 敢問 公之所讀 爲何言邪 公曰 聖人之言也 曰 聖人 在乎 公曰 已死矣 曰 然則君之所讀者 古人之糟魄已夫 桓公曰 寡人 讀書 輪人 安得議乎 有說則可 無說則死 輪扁曰 臣也 以臣之事觀之 斲輪徐則甘而不固 疾則苦而不入 不徐不疾 得之於手而應於心 口不能言 有數存焉於其間 臣不能以喩臣之子 臣之子 亦不能受之於臣 是以 行年 七十 而老斲輪 古之人 與其不可傳也 死矣 然則 君之所讀者 古人之糟魄已夫

— 〈天道〉

말은 생각하기 위한 도구입니다

통발은 물고기를 잡기 위한 도구입니다. 물고기를 잡으면 통발은 잊게 마련입니다. 올가미는 토끼를 잡기 위한 도구입니다. 토끼를 잡으면 올가미는 잊게 마련입니다. 말은 생각하기 위한 도구입니다. 생각하고 나면 말을 잊게 마련입니다.

—〈외물〉

荃者 所以在魚 得魚而忘荃 蹄者 所以在兎 得兎而忘蹄 言者 所以在意 得意而忘言

—〈外物〉

왜 그런지는 몰랐습니다

　미인 서시는 가슴앓이가 있어 이마를 찌푸리고 다녔습니다. 그 동네 추녀가 그것을 보고 아름답다고 여기며 집에 돌아오더니 이후 자기도 가슴에 손을 얹고 이마를 찌푸리고 다녔습니다. 그 마을의 부자는 그걸 보고 문을 걸어 잠그고 나가지 않았습니다. 가난한 사람들은 그걸 보고 처자를 데리고 마을을 떠났습니다. 그녀는 찌푸린 이마가 아름답다고만 알았지 왜 아름다운지는 몰랐던 것입니다.

― 〈천운〉

西施病心而矉其里 其里之醜人 見之而美之 歸亦捧心而矉其里 其里之富人見之 堅閉門而不出 貧人見之挈妻子而去走 彼知美矉 而不知矉之所以美

― 〈天運〉

어둠 속을 헤매는 사람

배움으로 본성을 바로잡아 처음으로 돌아가려는 사람이 있습니다. 생각으로 욕심을 다스리고 앎을 추구하려는 사람이 있습니다. 어둠 속을 헤매는 사람입니다.

— 〈선성〉

繕性於俗 學以求復其初 滑欲於俗 思以求致其明 謂之蔽蒙之民

— 〈繕性〉

사람들의 마음을 얻지는 못했습니다

논쟁가들은……사람들의 입을 이길 수는 있었지만 사람들의 마음을 얻지는 못했습니다.

— 〈천하〉

辯者之徒……能勝人之口 不能服人之心

—〈天下〉

갇힌 사람들

아는 것으로 사는 사람은 생각할 변고가 없으면 즐겁지 않습니다. 말로 사는 사람은 논쟁거리가 없으면 즐겁지 않습니다. 감찰하는 사람은 사건이 없으면 즐겁지 않습니다. 모두 무언가에 갇힌 사람들입니다.

뛰어난 사람은 나라를 세우려 합니다. 좀 잘난 사람은 공직에서 빛나려 합니다. 힘 좋은 사람은 재난이 닥쳐야 자신만만합니다. 용감한 사람은 환난이 생겨야 고무됩니다. 무장을 한 사람은 전쟁을 즐깁니다. 산속에 숨어 사는 사람은 명예에 삽니다. 법률가는 법 적용을 넓히려 합니다. 예를 가르치는 사람은 용모를 중시합니다. 사랑과 정의를 내세우는 사람은 교제를 중시합니다. 농부는 잡초 뽑을 일이 없으면 즐겁지 않습니다. 상인은 장사할 일이 없으면 즐겁지 않습니다. 서민은 아침저녁으로 할 일이 있어야 부지런히 일합니다. 기술자들은 기술을 뽐낼 일이 있어야 힘이 납니다.

탐욕스러운 사람들은 돈과 재물이 쌓이지 않으면 걱정합니다. 허세 부리는 사람들은 세력이 남보다 떨어지면 슬퍼합니다. 세력이나 물질을 추구하는 무리들은 사건·사고를 즐기며, 자기가 기용될 기회를 만나면 가만히 있지 못합니다.

사람들이 모두 세태를 따라가다가 무언가에 무언가로 이용되기만 하는 지경에 이르렀습니다. 몸과 마음이 세상일에 빠져 돌아오지 못합니다. 슬프지 않습니까?

―〈서무귀〉

知士 無思慮之變則不樂 辯士 無談說之序則不樂 察士 無凌誶之事則不樂 皆囿於物者也 招世之士 興朝 中民之士 榮宮 筋力之士 矜難 勇敢之士 奮患 兵革之士 樂戰 枯槁之士 宿名 法律之士 廣治 禮敎之士 敬容 仁義之士 貴際 農夫無草萊之事則不比 商賈無市井之事則不比 庶人有旦墓之業則勤 百工 有器械之巧則壯 錢財不積則貪者憂 權勢不尤則夸者悲 勢物之徒 樂變 遭時有所用 不能無爲也 此皆順比於歲 而物於物者也 馳其形性 潛之萬物 終身不反 悲夫

―〈徐无鬼〉

38

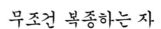

무조건 복종하는 자

    무조건 복종하는 자는 스승의 말을 배우면 너무 좋아 그 걸 자기 말인 양 반복하며 그것으로 만족합니다. 그러나 그 말이 어떻게 나온 것인지는 모릅니다.

— 〈서무귀〉

所謂暖姝者 學一先生之言 則暖暖姝姝 而私自說也 自以爲足矣 而未知未始有物也

— 〈徐无鬼〉

익숙한 곳에 갇힌 자

익숙한 곳에 갇힌 자는 돼지에 붙어사는 '이蝨'와 같습니다. 이는 돼지털의 부드러운 부분을 찾아갑니다. 그곳이 이의 넓은 궁전이요 정원이 됩니다. 돼지의 발가락 안쪽이나 젖 사이, 사타구니가 이의 편안한 거실이요 이로운 거처가 됩니다. 이는 어느 날 백정이 소매를 걷어붙이고 마른 풀을 깔고 불을 지피면 자기도 돼지와 함께 구이가 된다는 것을 모릅니다. 자기가 살던 곳에 갇혀 거기서 살기도 하고 거기서 죽기도 하는 것입니다.

─〈서무귀〉

濡需者 豕蝨是也 擇疏鬣 自以爲廣宮大囿 奎蹏曲隈 乳間股脚 自以爲安室利處
不知屠者之一旦鼓臂 布草操煙火 而己與豕俱焦也 此以域進 此以域退
─〈徐无鬼〉

자신을 가두는 자

 자신을 가두는 자는 바로 순 임금입니다. 양고기는 개미를 좋아하지 않습니다. 그러나 개미는 양고기를 좋아합니다. 양고기는 노린내를 풍깁니다. 순은 노린내 나는 행동을 해서 사람들이 좋아했습니다. 순이 세 번이나 이사를 했는데 그때마다 사람들이 개미 떼처럼 몰려들어 거기가 수도가 되었습니다. 등鄧이라는 조용했던 마을이 십만 가구가 넘는 도시가 되었습니다. 순이 사람들에게 잘 베푼다는 소문을 요 임금이 들었습니다. 그래서 요 임금이 순에게 황무지에 가서 은택을 베풀어주기를 부탁했습니다. 순 임금은 이미 나이도 많고 눈과 귀도 나빠지고 있었지만 이 부탁을 듣고는 돌아가 쉴 수가 없었습니다.

—〈서무귀〉

卷婁者 舜也 羊肉不慕蟻 蟻慕羊肉 羊肉羶也 舜有羶行 百姓 悅之 故三徙成都
至鄧之墟 而十有萬家 堯聞舜之賢 擧之童土之地 曰 冀得其來之澤 舜 擧乎童土
之地 年齒長矣 聰明衰矣 而不得休歸

—〈徐无鬼〉

자기가 잘났다고 생각하는 사람

사람들은 누구나 남이 자기에게 동조하면 기뻐하고 자기에게 반대하면 싫어합니다. 자기에게 동조하기를 바라고 자기에게 반대하는 것을 싫어하는 이유는 자기가 남보다 잘났다고 생각하기 때문입니다. 자기가 남보다 잘났다고 생각하는 사람이 어떻게 남보다 잘났겠습니까?

— 〈재유〉

世俗之人 皆喜人之同乎己 而惡人之異於己也 同於己 而欲之 異於己 而不欲者
以出乎衆 爲心也 夫以出乎衆 爲心者 曷常出乎衆哉

— 〈在宥〉

잔재주에 갇혀 몸과 마음을
괴롭히는 사람

너구리 잡는 개는 사냥개가 되고 재빠른 원숭이는 산에서 붙잡혀 옵니다.

—⟨천지⟩

執狸之狗 成思來田 猿狙之便 自山林來

—⟨天地⟩

거꾸로 사는 사람

　온전한 즐거움이란 '뜻을 얻는 것'이라고 말합니다. 옛날에는 '뜻을 얻었다'는 말이 '초헌이나 면류관'(초헌은 벼슬아치가 타던 수레, 면류관은 제왕이 정복에 갖추어 쓰던 관으로, 출세했다는 의미다)을 의미하는 것이 아니었습니다. 자신의 즐거움에 더할 게 없다는 것을 의미했습니다. 그런데 오늘날에는 이것이 초헌이나 면류관을 의미하는 말이 되었습니다. 초헌을 타고 면류관을 쓰는 것은 밖의 것이 우연히 들어와 잠시 머물고 있는 것입니다. 잠시 머물러 오니 막을 수도 없고 잠시 머물다 가니 잡을 수도 없습니다. 그러니 초헌을 타고 면류관을 썼다고 뜻을 늘어놓지도 않았고 가난하다고 세속에 영합하지도 않았습니다. 즐거움은 이러나저러나 똑같았습니다. 그래서 걱정이 없었습니다.

　그런데 오늘날은 잠시 머물다 가는 것을 즐거워하지 않습니다. 그래서 밖의 것으로 자신을 망치고 세상살이에 휘둘

리며 본성을 잃게 됩니다. 이들은 거꾸로 사는 사람입니다.

—〈선성〉

樂全之謂得志 古之所謂得志者 非軒冕之謂也 謂其無以益其樂而已矣 今之所謂
得志者 軒冕之謂也 軒冕在身 非性命也 物之儻來寄者也 寄之 其來不可圉 其去
不可止 故不爲軒冕肆志 不爲窮約趨俗 其樂彼與此同 故無憂而已矣 今 寄去則不
樂 由是觀之 雖樂未嘗不荒也 故曰 喪己於物 失性於俗者 謂之倒置之民

—〈繕性〉

세상에 아첨하는 사람들

효자는 부모에게 아첨하지 않고 충신은 군주에게 아부하지 않습니다. 이것이 신하와 자식의 훌륭한 태도입니다. 부모가 하는 말에 무조건 그렇다고 하고 부모가 하는 일에 무조건 좋다고 하면 세상 사람들이 못난 자식이라고 합니다. 군주가 하는 말에 무조건 그렇다고 하고 군주가 하는 일에 무조건 좋다고 하면 세상 사람들이 못난 신하라고 합니다. ……

그런데 세상 사람들이 그렇다고 하는 것에 대해 그렇다고 하고 세상 사람들이 좋다고 하는 것에 대해 좋다고 해도 사람들은 그를 아첨꾼이라고 부르지 않습니다. 사람들은 비유로 말을 꾸미고 사람을 모읍니다. 그래도 도무지 아첨했다고 비난받지 않습니다. …… 사람들은 좋은 옷에다 치장하고 표정을 꾸미면서 세상 비위를 맞추고 있습니다. 그러면서도 자기가 아첨하고 있다고 생각하지 않습니다. 세상

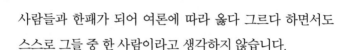

사람들과 한패가 되어 여론에 따라 옳다 그르다 하면서도
스스로 그들 중 한 사람이라고 생각하지 않습니다.

—〈천지〉

孝子不諛其親 忠臣不諂其君 臣子之盛也 親之所言而然 所行而善 則世俗謂之不
肖子 君之所言而然 所行而善 則世俗 謂之不肖臣 而……世俗之所謂然而然之 所
謂善而善之 則不謂之道諛之人也……垂衣裳 設采色 動容貌 以媚一世 而不自謂
道諛 與夫人之爲徒 通是非 而不自謂衆人

—〈天地〉

48

자신의 욕망을 욕망하지 못하는 사람들

내가 귀 밝다고 말할 때 그것은 무언가에 귀 기울이는 것이 아닙니다. 자기 스스로 듣는 것입니다. 내가 눈 밝다고 말할 때 그것은 무언가를 보려고 하는 것이 아닙니다. 자기 스스로 보는 것입니다. 자기 스스로 보지 않으면서 무언가를 보려고 하는 사람이 있습니다. 자기 스스로 욕망하지 않으면서 무언가를 욕망하는 사람이 있습니다. 이들은 남들의 욕망을 욕망하는 것입니다. 자신의 욕망을 욕망하지 못하는 사람들입니다. 남들이 즐기는 것을 즐기려 하는 것입니다. 자신의 즐거움을 즐기지 못하는 사람들입니다.

— 〈변무〉

吾所謂聰者 非謂其聞彼也 自聞而已矣 吾所謂明者 非謂其見彼也 自見而已矣 夫
不自見而見彼 不自得而得彼者 是得人之得而不自得其得者也 適人之適而不自適
其適者也

— 〈騈拇〉

무엇이 나를 구속하는가?

남을 가지려고 하면 남에게 구속되고 남에게 보이려고 하면 걱정이 많아집니다.

— 〈산목〉

有人者累 見有於人者憂

— 〈山木〉

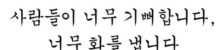

사람들이 너무 기뻐합니다, 너무 화를 냅니다

사람들이 너무 기뻐한다고요? 양기에 치우친 것입니다. 사람들이 너무 화를 낸다고요? 음기에 치우친 것입니다. 음이든 양이든 한쪽으로 치우치면 사계절이 제대로 순환되지 않아 추위와 더위의 조화가 깨지게 됩니다. 이것은 다시 사람 사는 모습에 악영향을 줍니다. 사람들은 기쁨과 분노를 적절하게 표현하지 못하고 어쩔 줄 모르며 헤매게 됩니다. 생각도 스스로 못하게 되고 감정 표현도 곱게 할 수 없게 됩니다. 이렇게 되면 세상 사람들은 거만하게 남을 업신여기고 사납게 굴기 시작합니다.

—〈재유〉

人大喜邪 毗於陽 大怒邪 毗於陰 陰陽 並毗 四時不至 寒暑之和不成 其反傷人之
形乎 使人喜怒失位 居處無常 思慮不自得 中道不成章 於是乎 天下始喬詰卓鷙
—〈在宥〉

자신의 처지도 마음으로
받아들이지 못하는 사람

마음을 비운 사람은 뭐든지 받아들일 수 있습니다. 그러나 마음이 막힌 사람은 자기 자신의 처지도 마음으로 받아들이지 못합니다. 이런 사람이 어떻게 남을 받아들일 수 있겠습니까? 남을 받아들일 수 없는 사람은 남들과 친하지 않습니다. 남들과 친하지 않은 사람은 끝까지 남입니다.

— 〈경상초〉

與物窮者 物入焉 與物且者 其身之不能容 焉能容人 不能容人者 無親 無親者 盡
人

— 〈庚桑楚〉

마음으로 상처 받는 것이
더 비참합니다

무기로 상처 받는 것보다 마음으로 상처 받는 것이 더 비참합니다.

— 〈경상초〉

兵莫憯於志

— 〈庚桑楚〉

생각을 복잡하게 만드는 것들

　귀한 신분, 부유함, 유명, 존경, 명예, 이익! 이 여섯 가지
가 생각을 복잡하게 만듭니다.

— 〈경상초〉

貴富顯嚴名利六者 勃志也

— 〈庚桑楚〉

위험한 앎

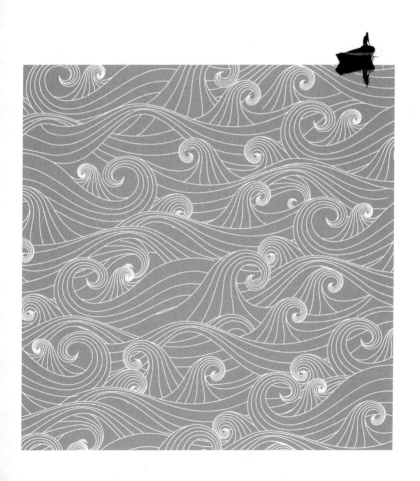

앎은 위험합니다

앎을 추구하는 것은 위험한 일입니다.

— 〈양생주〉

爲知者 殆而已矣

— 〈養生主〉

앎은 전쟁 무기입니다

앎은 싸움에서 생깁니다. 명예란 서로 비방하는 것입니다. 앎이란 전쟁의 도구입니다. 명예와 앎, 이 둘은 흉한 무기입니다. 온전한 삶을 위해 쓸 것이 못 됩니다.

—〈인간세〉

知出乎爭 名也者 相軋也 知也者 爭之器也 二者凶器 非所以盡行也

—〈人間世〉

앎을 좋아하면
세상이 혼란해집니다

왜 이렇게 말하느냐고요? 사람들이 활, 쇠뇌, 새그물, 주살, 속임수 도구를 만드는 법을 많이 알수록 새들은 하늘에서 혼란에 빠지게 됩니다. 사람들이 낚싯바늘, 미끼, 그물, 통발 등을 만드는 법을 많이 알수록 물고기는 물속에서 혼란에 빠지게 됩니다. 사람들이 울타리, 그물, 올가미, 덮치기 등을 만드는 법을 많이 알수록 짐승들은 늪에서 혼란에 빠지게 됩니다. 기만적인 앎, 말재주, 궤변이 많아질수록 사람들도 논쟁에 빠지게 됩니다. ……

세상이 이렇게 혼란해졌습니다. 그래서 하늘에서는 해와 달빛이 흐려지고 땅에서는 강산의 정기가 사라지고 세상에서는 사계절의 변화가 흔들리는 것입니다. 꿈틀거리며 기어 다니는 땅벌레나 이리저리 날아다니는 날벌레까지 타고난 본성을 잃지 않은 것이 없습니다. 심합니다! 앎을 좋아하다 보니 세상이 혼란에 빠져버렸습니다.　　　　─〈거협〉

何以知其然邪 夫弓弩畢弋機變之知多則鳥亂於上矣 鈞餌罔罟罾笱之知多則魚亂
於水矣 削格羅落罝罘之知多則獸亂於澤矣 知詐漸毒頡滑堅白解垢同異之變多則
俗惑於辯矣……是以 大亂 故上悖日月之明 下爍山川之精 中墮四時之施 惴耎之
蟲 肖翹之物 莫不失其性 甚矣夫 好知之亂天下也

—〈胠篋〉

서로 경쟁하고 속이게 됩니다

현자를 등용하면 사람들이 서로 경쟁하게 됩니다. 지혜롭다는 사람을 임용하면 사람들이 서로 속이게 됩니다. ……반드시 사람과 사람이 서로 잡아먹는 일이 생기고 말 것입니다.

—〈경상초〉

擧賢則民相軋 任知之則民相盜……其必有人與人 相食者也

—〈庚桑楚〉

누구나 나름대로 살 수 있다면

누구나 나름대로 볼 수 있다면 세상이 헷갈리지 않을 겁니다. 누구나 나름대로 들을 수 있다면 세상이 지겹지 않을 겁니다. 누구나 나름대로 알 수 있다면 세상에 홀리지 않을 겁니다. 누구나 나름대로 살 수 있다면 세상에 휘말리지 않을 겁니다.

— 〈거협〉

彼人含其明則天下不鑠矣 人含其聰則天下不累矣 人含其知則天下不惑矣 人含其德則天下不僻矣

— 〈胠篋〉

지혜롭다(?)는 것

상자를 열고 주머니를 뒤지고 궤짝을 뜯는 도둑을 막겠다고 끈으로 단단히 묶고 자물쇠로 튼튼하게 잠가둡니다. 사람들은 이렇게 하는 것에 대해 흔히 지혜롭다知고 합니다. 그러나 큰 도둑은 궤짝을 등에 지고 상자를 손에 들고 주머니를 통째로 어깨에 메고 달아나면서 끈과 자물쇠가 단단하지 않을까 봐 걱정합니다.

결국 세상의 지식인이라는 사람들이 큰 도둑을 위해 꽁꽁 싸둔 셈이 아닙니까? …… 왜 이렇게 생각하느냐고요? …… 전성자田成子는 하루아침에 제나라 임금을 죽이고 나라를 훔쳐버렸습니다. 훔친 것이 나라뿐이었을까요? 성인과 지식인이 만든 법까지 모두 훔쳐버렸습니다. …… 그것으로 도적의 몸을 지킬 수 있었던 게 아니겠습니까?

— 〈거협〉

將爲胠篋探囊發匱之盜 而爲守備 則必攝緘縢 固扃鐍 此世俗之所謂知也 然而巨
盜至 則負匱揭篋擔囊而趨 唯恐緘縢扃鐍之不固也 然則鄉之所謂知者 不乃爲大
盜積者也……何以知其然邪……田成子 一旦 殺齊君而盜其國 所盜者 豈獨其國
邪 竝與其聖知之法而盜之……以守其盜賊之身乎

—〈胠篋〉

도둑의 도덕

　도척의 부하가 도척에게 도둑질에도 길道이 있느냐고 묻자 도척이 말했습니다. "어디엔들 길이 없겠느냐? 방 안에 무엇이 있는지 알아맞히는 것이 훌륭함聖이다. 먼저 들어가는 것이 용기勇다. 나중에 나오는 것이 의리義다. 될지 안 될지 아는 것이 지혜知다. 고루 나누는 것이 사랑仁이다. 이 다섯 가지를 갖추지 않고서 큰 도둑이 된 자는 아무도 없다."

―〈거협〉

跖之徒問於跖 曰 盜亦有道乎 跖曰 何適而無有道邪 夫妄意室中之藏 聖也 入先
勇也 出後 義也 知可否 知也 分均 仁也 五者不備而能成大盜者 天下未之有也

―〈胠篋〉

배웠다는 자들이
시를 읊어가며 도둑질을 합니다

유자儒者들이 《시경》과 《예기》를 이야기하며 도굴을 하고 있습니다. 큰 유자大儒가 말합니다. "동쪽에 해가 뜬다. 일은 어찌 돼가는가?"

작은 유자小儒가 말합니다. "아직 송장의 속옷도 벗기지 못했고 송장의 입속에 구슬이 남아 있습니다. 《시경》에 원래 이런 시가 있잖습니까? '짙푸른 보리, 무덤가에 무성하네/살아서 베풀지 못한 자/어찌 구슬을 머금고 있는가'."

그러고는 유자들이 송장의 머리칼을 잡고 아래턱을 누르고 쇠망치로 턱을 치고 두 뺨을 벌려 입 안의 구슬을 고스란히 꺼내 갑니다.

— 〈외물〉

儒以詩禮 發冢 大儒 臚傳曰 東方 作矣 事之何若 小儒曰 未解裙襦 口中有珠 詩
固有之 曰 青青之麥 生於陵陂 生不布施 死何含珠爲 接其鬢 擪其顪 儒以金椎
控其頤 徐別其頰 無傷口中珠

— 〈外物〉

성인의 죄

　말한테 횡목과 멍에를 달고 수레 끌채를 달자, 말은 끌채를 꺾고 멍에를 부수고 사납게 치받고 재갈을 망가뜨리고 고삐를 물어뜯을 줄을 알게 되었습니다. 말이 이런 나쁜 짓을 할 줄 알게 된 것은 백락伯樂(춘추 시대에 말을 감별하고 다루는 데 뛰어났던 사람)의 죄입니다. ……

　예악에 따라 사람들의 몸가짐을 바로잡으려 하고 '사랑과 정의'를 내걸어 사람들의 마음을 달래려 했습니다. 그러자 사람들이 발끝으로 걸어 다니고 앎을 좋아하고 다투어 이익을 좇기 시작했습니다. 이것은 성인聖人의 죄입니다.

— 〈마제〉

加之以衡扼 齊之以月題 而馬知介倪 闉扼 鷙曼 詭銜 竊轡 故 馬之知而態至盜者 伯樂之罪也……屈折禮樂 以匡天下之形 縣跂仁義 以慰天下之心 而民乃始踶跂 好知 爭歸於利 不可止也 此亦聖人之過也

— 〈馬蹄〉

67

가장 큰 도둑

가장 큰 도둑은 본래 모습德에 대해 편견心을 가지고, 그
편견으로 남을 바라보는 것입니다. …… 자기가 좋다고 여
기는 것을 기준으로 다른 것을 좋지 않다고 비방하는 것입
니다.

— 〈열어구〉

賊莫大乎德有心而心有眼…… 有以自好也 而呲其所不爲者也

— 〈列御寇〉

학의 다리 길다고 자르지 마세요

정말 올바른 것은 타고난 그대로의 모습을 잃지 않는 것입니다. 그래서 발에 붙은 군살을 군더더기라고 생각하지 않고 손가락이 더 있어도 덧붙었다고 생각하지 않는 것입니다. 길다고 남는 것이라 생각하지도 않고 짧다고 모자라는 것이라 생각하지도 않습니다. 오리 다리 짧다고 이어주면 오리가 괴로울 것이고 학의 다리 길다고 자르면 학이 슬퍼하겠지요? 길게 타고났다고 자를 것도 없고 짧게 타고났다고 이어줄 것도 없습니다. 걱정할 게 아무것도 없습니다.

— 〈변무〉

至正者 不失其性命之情 故合者不爲骈 而枝者不爲跂 長者不爲有餘 短者不爲不足 是故 鳧脛雖短 續之則憂 鶴脛雖長 斷之則悲 故性長 非所斷 性短 非所續 無所去憂也

— 〈骈拇〉

혼돈은 죽고 말았습니다

순수한 사람至人은 마음 쓰는 것이 거울과도 같습니다. 보내지도 않고 맞이하지도 않습니다. 비추기만 하지 담아두지 않습니다. 그래서 있는 그대로 비춰줍니다. 상처를 주지 않습니다.

남쪽 바다의 임금은 숙儵이라고 합니다. 북쪽 바다의 임금은 홀忽이라고 합니다. 중앙의 임금은 혼돈混沌이라고 합니다. 숙과 홀이 가끔 혼돈의 땅에서 만났습니다. 혼돈은 그때마다 그들을 극진히 대접했습니다. 혼돈의 은덕에 보답하려고 숙과 홀이 의논했습니다.

숙과 홀 사람에게는 모두 일곱 개의 구멍이 있잖아요. 그래서 보고 듣고 먹고 숨 쉬잖아요. 그런데 혼돈에게는 이런 구멍이 없어요. 우리가 구멍을 뚫어줍시다.

그들은 혼돈에게 하루에 하나씩 구멍을 뚫어주었습니다.
이레가 되자 혼돈은 죽고 말았습니다.

—〈응제왕〉

至人之用心若鏡 不將不迎 應而不藏 故能勝物而不傷 南海之帝爲儵 北海之帝爲
忽 中央之帝爲混沌 儵與忽時相與遇於混沌之地 混沌待之甚善 儵與忽謀報混沌
之德 曰 人皆有七竅以視聽食息 此獨無有 嘗試鑿之 日鑿一竅 七日而混沌死

—〈應帝王〉

성인의 잘못입니다

성인이 나타나 사랑仁을 실천하겠다고 뒤뚱거리고 정의義를 행하겠다고 허둥대는 바람에 세상 사람들이 헷갈리기 시작했습니다. 성인이 나타나 질펀한 음악을 연주하고 번잡한 예를 만드는 바람에 세상 사람들이 서로 차별하기 시작했습니다.

— 〈마제〉

及至聖人 蹩躠爲仁 踶跂爲義 而天下始疑矣 澶漫爲樂 摘僻爲禮 而天下始分矣

— 〈馬蹄〉

나를 외발이라고
비웃는 자가 많았습니다

신도가는 형벌을 받아 발이 잘린 전과자였습니다. 그는 정나라 자산과 함께 백혼무인을 스승으로 모셨습니다. 자산이 신도가에게 말했습니다.

자산 내가 먼저 나가면 자네는 좀 있다가 나오게. 자네가 먼저 나가면 내가 좀 있다가 나가겠네.

다음 날이었습니다. 그들은 또 한방에 자리하게 되었습니다. 자산이 신도가에게 말했습니다.

자산 내가 먼저 나가면 자네가 좀 있다가 나오고 자네가 먼저 나가면 내가 좀 있다가 나가기로 했지. 오늘은 내가 먼저 나갈 테니 자네는 좀 있다가 나오게. 한데 자네는 나 같은 재상을 보고도 비켜주지 않으니 자네가 재상인 나와 맞먹겠다는 것인가?

　신도가 스승님의 문하에 정말로 재상이라는 것이 있었던 가요? 공은 재상이라고 우쭐대며 다른 사람은 뒷전으로 여기시는군요. '거울이 맑으면 먼지가 끼지 않고 먼지가 끼면 맑게 비출 수 없다. 베푸는 이와 오래 지내면 잘못도 사라진다'라는 말이 있지요. 지금 공이 받드는 사람은 스승님입니다. 그런데 그런 말씀을 하시다니 뭔가 잘못된 게 있는가 봅니다.

　자산 자네 주제에 요 임금과 옳음*에 대해 논쟁하겠다는 것인가? 스스로의 모습을 생각해보고도 반성할 줄을 모르는가?

　신도가 자기 잘못을 변명하며 처벌이 억울하다 말하는 사람은 많지요. 그러나 변명도 하지 않고 처벌이 마땅하다 여기는 사람은 드뭅니다. 어쩔 수 없음을 알고 운명으로 편안히 받아들이는 것은 본래 모습을 간직한 사람만이 할 수 있는 일이지요. 활 잘 쏜다는 예*의 활 사정권, 그 안은 모두 화살을 맞을 수 있는 땅이지요. 거기서 놀다가 화살을 맞지 않았다는 것은 운일 뿐이겠지요. 그런데도 자기 발이 온전하다고 나를 외발이라고 비웃는 자가 많았습니다. 그럴 땐

나도 불끈 화가 나곤 했지요. 하지만 스승님이 계신 곳에 오면 모두 잊어버리고 다시 마음이 고요해졌습니다. 아마도 스승님께서 나를 옳음으로 깨끗이 씻어주셨나 봅니다. 내가 십구 년 동안 스승님과 함께 즐겼지만 스승님은 한 번도 내가 외발임을 아는 척하지 않으셨습니다. 여기서 우리는 마음의 세계를 배우며 즐깁니다. 공은 나를 밖에서 찾고 있군요. 뭔가 잘못된 게 아니겠습니까?

자산이 부끄러움에 낯빛과 태도를 달리하고는 짧게 말을 막았습니다.

자산 그만하세.

— 〈덕충부〉

申徒嘉 兀者也 而與鄭子産同師於伯昏無人 子産謂申徒嘉曰 我先出則子止 子先
出則我止 其明日 又與合堂同席而坐 子産謂申徒嘉曰 我先出則子止 子先出則我
止 今我將出 子可以止乎 其未邪 且子見執政而不違 子齊執政乎 申徒嘉曰 先生
之門 固有執政焉如此哉 子而悅子之執政而後人者也 聞之曰 鑑明則塵垢不止 止
則不明也 久與賢人處則無過 今子之所取大者 先生也 而猶出言若是 不亦過乎
子産曰 子旣若是矣 猶與堯爭善 計子之德 不足以自反邪 申徒嘉曰 自狀其過 以
不當亡者衆 不狀其過 以不當存者寡 知不可奈何 以安之若命 唯有德者能之 遊於
羿之彀中 中央者 中地也 然而不中者 命也 人以其全足笑吾不全足者多矣 我怫然
而怒 而適先生之所 則廢然而反 不知先生之洗我以善邪 吾與夫子遊十九年矣 而
未嘗知吾兀者也 今子與我遊於形骸之內 而子索我於形骸之外 不亦過乎 子産蹴
然改容更貌曰 子無乃稱

—〈德充符〉

76

사랑과 정의를 내세우는 것은
진짜가 아닙니다

사랑과 정의를 비판하는 자는 적고 사랑과 정의를 이용하려는 자는 많습니다. 사랑과 정의를 내세우는 것은 진짜가 아닙니다. 사랑과 정의는 짐승처럼 탐욕스러운 자들이 빌려 쓰는 그릇입니다.

— 〈서무귀〉

損仁義者寡 利仁義者衆 夫仁義之行 唯且無誠 且假乎禽貪者器

— 〈徐无鬼〉

순수한 마음과 밝은 모습을
찾아보기 어렵습니다

옛날 사람들은 본래 모습을 갖추고 있었나 봅니다. 그들에게는 순수한 마음과 밝음이 함께했습니다. 그들은 자연과 친했습니다. 모든 것을 길러주었고 세상과 화목했고 모든 사람에게 베풀었습니다. ……

지금은 세상이 아주 혼란해졌습니다. 베푸는 사람도, 훌륭한 사람도 보이지 않습니다. …… 부분적인 것만 생각하면서 혼자 좋아하는 지식인들이 많습니다. …… 각자 장점을 가지고 있지만 모든 것을 포용하지는 못합니다. 한쪽에 치우쳐 있습니다. 자연의 아름다움을 판단합니다. 모든 것들의 결을 분석합니다. 옛사람들의 온전함을 고찰합니다. 그러나 자연의 아름다움을 갖춘 순수한 마음과 밝은 모습을 가졌다고 할 만한 사람은 찾아보기 어렵습니다. …… 후세에 배우는 사람들은 불행합니다. 자연의 순수함, 그리고 옛사람들의 큰 모습을 보지 못할 것입니다. ─〈천하〉

古之人 其備乎 配神明 醇天地 育萬物 和天下 澤及百姓……天下 大亂 賢聖不
明……天下多得一察焉以自好……皆有所長 時有所用 雖然 不該不徧 一曲之士
也 判天地之美 析萬物之理 察古人之全 寡能備於天地之美 稱神明之容……後世
之學者 不幸 不見天地之純 古人之大體

—〈天下〉

79

진짜 지식인이 몇 명이나 있을까?

장자가 노나라 애공을 만났습니다.

애공 노나라에 유자들은 많습니다. 그런데 선생의 공부를 하는 사람은 적은 것 같습니다.

장자 노나라에는 유자도 적습니다.

애공 온 나라 사람이 유자의 옷을 입었는데 어찌 적다고 하십니까?

장자 유자가 둥근 갓을 쓰는 것은 하늘의 때를 안다는 것이고, 네모난 신발을 신는 것은 땅의 모습을 안다는 것이고, 깨진 모양의 옥을 허리에 차고 다니는 것은 일이 닥치면 결단성 있게 행동한다는 것을 보여주는 것이라고 들었습니다. 그러나 군자가 '길道'을 안다고 반드시 그런 옷을 입는 것은 아닙니다. 그리고 그런 옷을 입었다고 반드시 길을 아는 것도 아닙니다. 공께서 그렇지 않다고 생각하신다면 나

라에 명령을 내려보시는 게 어떻겠습니까? '길을 알지 못하
면서 유자의 옷을 입고 다니는 사람은 사형에 처한다'고 말
입니다.

애공이 정말 명령을 내렸습니다. 닷새가 되자 노나라에는
감히 유자의 옷을 입고 다니는 사람이 없었습니다. 단 한 명
의 장부만이 유자의 옷을 입고 애공의 문 앞에 서 있었습니
다. 애공이 그를 불러 나랏일에 대해 물었습니다. 그의 말은
자유자재로 화제를 바꾸면서 막힐 줄을 몰랐습니다.

장자 노나라에는 유자가 한 사람뿐이군요. 어찌 많다고 할
수 있겠습니까?

— 〈전자방〉

莊子見魯哀公 哀公曰 魯多儒士 少爲先生方者 莊子曰 魯少儒哀公曰 擧魯國而
儒服 何謂少乎 莊子曰 周聞之 儒者 冠圜冠者 知天時 履句屨者 知地形 緩佩玦
者 事至而斷 君子 有其道者 未必爲其服也 爲其服者 未必知其道也 公 固以爲不
然 何不號於國中曰 無此道而爲此服者 其罪死 於是 哀公 號之 五日而魯國 無敢
儒服者 獨有一丈夫 儒服而立乎公門 公 卽召而問以國事 千輔萬變而不窮 莊子曰
以魯國而儒者 一人耳 可謂多乎

— 〈田子方〉

81

지식인으로서 차마 할 수 없는 짓

원헌原憲(공자의 제자로, 자는 자사子思이다)이 노나라에 살던 때의 일입니다. 작은 방이었습니다. 지붕은 풀로 이어졌고 쑥풀을 묶어 만든 외짝 문은 뽕나무 가지로 지도리를 삼고 있었습니다. 깨진 항아리로 들창을 낸 방이 둘 있었는데 누더기 옷으로 들창을 틀어막고 있었습니다. 지붕이 새고 방은 축축했습니다.

원헌이 거기에 바르게 앉아 거문고를 타고 있었습니다. 자공이 큰 말이 끄는 수레를 타고 왔습니다. 감색 속옷에 흰색 겉옷을 차려입었고 큰 수레는 골목에 들어갈 수 없었습니다. 그래서 자공은 걸어 들어가 원헌을 만났습니다. 이때 원헌은 가죽나무 껍질로 만든 갓을 쓰고 뒤꿈치가 다 떨어진 신을 신고 명아줏대 지팡이를 짚고 마중을 나갔습니다.

자공 아니, 선생! 어쩌다 이렇게 병이 드셨습니까?

원헌 나는 이렇게 들었습니다. '재산이 없는 것을 가난이라 한다. 배우고도 행하지 못하는 것을 병이라 한다'라고요. 지금 나는 가난한 것이지 병든 것이 아닙니다.

자공이 뒤로 물러서며 부끄러운 기색을 보였습니다. 원헌이 웃으며 말을 이었습니다.

원헌 세상에 무언가를 바라 무언가를 하고, 아무하고나 사귀고, 남에게 보이려고 배우고, 나 좋으려고 가르치고, 사랑과 정의를 이용하고, 수레와 말을 장식하는 그런 짓을 나는 차마 할 수가 없었습니다.

— 〈양왕〉

原憲 居魯 環堵之室 茨以生草 蓬戶不完 桑以爲樞 而甕牖 二室 褐以爲塞 上漏
下濕 匡坐而弦 子貢 乘大馬 中紺而表素 軒車 不容巷 往見原憲 原憲 華冠縦履
杖藜而應門 子貢曰 嘻 先生 何病 原憲 應之曰 憲 聞之 無財 謂之貧 學而不能行
謂之病 今 憲貧也 非病也 子貢 逡巡而有愧色 原憲 笑曰 夫希世而行 比周而友
學以爲人 敎以爲己 仁義之慝 輿馬之飾 憲 不忍爲也

— 〈讓王〉

옛날 지식인

옛날의 지식인은 좋은 세상을 만나면 자기 책임을 회피하지 않았습니다. 그리고 난세를 만나면 구차하게 살아남으려 하지 않았습니다.

— 〈양왕〉

古之士 遭治世 不避其任 遇亂世 不爲苟存

— 〈讓王〉

지식인들의 뻔뻔함

지금 세상에서는 처형된 사람들이 서로를 베개 삼아 누워 있습니다. 칼을 쓰고 차꼬를 찬 사람들이 자리가 비좁아 서로를 밀칩니다. 형벌로 괴로워하는 사람들이 서로 얼굴을 마주할 정도입니다. 이런 상황에서 유가니 묵가니 하는 지식인들이 나타나 팔을 흔들며 차꼬와 수갑 찬 죄인들 사이를 활보하면서 잘난 척하고 있습니다. 아! 너무 심합니다. 뻔뻔하니 부끄러운 줄을 모릅니다.

— 〈재유〉

今世 殊死者 相枕也 桁楊者 相推也 刑戮者 相望也 而儒墨乃始離跂攘臂乎桎梏
之間 意 甚矣哉 其無愧而不知恥也

— 〈在宥〉

오늘날의 지식인

머리와 다리는 있어도 마음과 귀가 없는 자들이 많습니다.

— 〈천지〉

有首有趾 無心無耳者衆

— 〈天地〉

돈

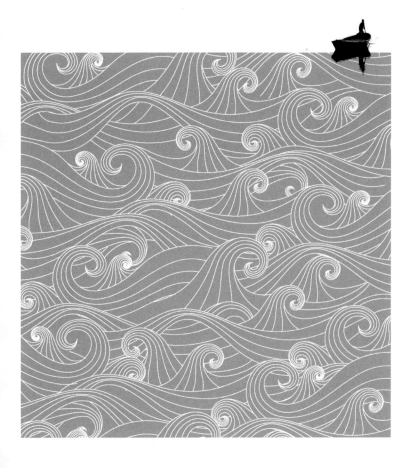

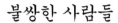

불쌍한 사람들

노자의 제자 백구가 제나라에 가서, 잔인하게 처형당해 매달려 있는 사람을 보게 되었습니다. 그는 그 사람을 끌어 내려 바르게 눕힌 뒤 자기 조복을 벗어 덮어주고는 하늘을 향해 통곡하며 말했습니다.

"불쌍한 사람이여! 불쌍한 사람이여! 세상에 이런 대재앙이 있나요. 그대가 먼저 떠나는구려. '도둑질하지 마라. 살인하지 마라'라고들 합니다. …… 옛날 임금은 사람들을 돌보면서 얻게 되면 사람들 덕분이고 잃게 되면 자기 때문이라 했습니다. 잘되면 사람들 덕택이고 잘못되면 자기 잘못이라 했습니다. 그래서 조금이라도 제대로 되지 않으면 물러나 자기가 책임을 졌습니다. 그런데 지금은 그렇지가 않습니다. 뭔가 숨겨놓고는 사람들이 모른다고, 어리석다고 합니다. 힘들게 만들어놓고는 사람들에게 죄주기를 서슴지 않습니다. 감당할 수 없는 일을 시켜놓고는 하지 못했다고 벌을 줍니다. 먼 길을 가게 해놓고는 가지 못했다고 죽입니다. 사람들의 지력知力이 다했습니다. 그래서 거짓으로라도 목숨을 이어갑니다. 날이 갈수록 거짓이 많아집니다. 배웠다는 사람들이나 보통 사람들이나 어떻게 거짓 없이 살 수 있겠습니까? 힘이 부족하면 거짓으로 살게 됩니다. 아는 게 부족하면 속고 속이게 됩니다. 돈이 부족하면 도둑질을 하게 됩니다."

— 〈즉양〉

柏矩 學於老聃……至齊 見辜人焉 推而强之 解朝服而幕之 號天而哭之 曰 子乎子乎 天下 有大菑 子獨先離之 曰 莫爲盜 莫爲殺人……古之君人者 以得 爲在民 以失 爲在己 以正 爲在民 以枉 爲在己 故 一形 有失其形者 退而自責 今則不然 匿爲物而愚不識 大爲難而罪不敢 重爲任而罰不勝 遠其塗而誅不至 民知力竭 則 以僞 繼之 日出多僞 士民 安取不僞 夫力不足則僞 知不足則欺 財不足則盜

— 〈則陽〉

90

누가 악하고 누가 아름다운가?

좀도둑은 붙잡히지만 큰 도둑은 왕이 됩니다. …… 누가
악한 사람이고 누가 아름다운 사람인가요?

—〈도척〉

小盜者 拘 大盜者 爲諸侯……孰惡孰美

—〈盜跖〉

부자가 되면 남들과 나누면 됩니다

요 임금이 화華라는 고장을 여행하고 있었습니다. 그곳 국경지기가 말했습니다.

국경지기 아! 성인이시군요. 성인을 위해 축원드립니다. 부디 오래오래 사시기를!

요 임금 사양하겠습니다.

국경지기 부자 되시기를!

요 임금 사양하겠습니다.

국경지기 아들을 많이 두시기를!

요 임금 사양하겠습니다.

국경지기 누구나 오래 살고 부유하고 아들이 많기를 바랍니다. 그런데 왜 당신만은 바라지 않는다고 하시는 겁니까?

요 임금 아들이 많으면 걱정이 많아지고 부유하면 일이 많아지고 오래 살면 욕된 일이 많아집니다. 이 세 가지는 덕을 기르는 방법이 아닙니다. 그래서 사양했습니다.

국경지기 처음엔 당신이 성인이라고 생각했습니다. 이제 보니 그저 그런 군자군요. 자연이 모든 사람을 낳고 그들에게 일을 주게 마련입니다. 아들이 많아도 그들에게 주어진 일이 있습니다. 무슨 걱정입니까? 부자가 되면 다른 사람들과 나누면 됩니다. 무슨 일이 있겠습니까?

— 〈천지〉

堯觀乎華 華封人 曰 噫 聖人 請祝聖人 使聖人壽 堯曰辭 使聖人富 堯曰辭 使聖人多男子 堯曰辭 封人曰壽富多南子人之所欲也 女獨不欲 何邪 堯曰 多南子則多懼 富則多事 壽則多辱 是三者 非所以養德也 故辭 封人曰 始也 我以女爲聖人邪 今 然君子也 天生萬民 必授之職 多南子而授之職 則何懼之有 富而使人分之則何事之有

— 〈天地〉

나누지 않으면 가장 해로운 것

고른 것이 복이 되고 나머지가 생기면 해롭습니다. ……
제일 심각한 것은 돈입니다.

—〈도척〉

平爲福 有餘爲害者……財其甚者也

—〈盜跖〉

부자가 세상을 다 가지는 줄 압니다

만족을 모르는 무족無足이 화목함을 아는 지화知和에게 물었습니다.

무족 사람들은 누구나 이름을 내고 이익을 얻고 싶어 합니다. 부자가 되면 사람들이 몰려와 머리 숙여 그에게 존경을 표합니다. 사람들에게 존경받는 것이 오래 살면서 몸 편하고 마음 즐겁게 사는 길입니다. 지금 당신만 그런 것에 대해 아무 생각이 없습니다. 몰라서 그러는 겁니까? 아니면 알아도 능력이 없어서 그러는 겁니까? 그게 아니라면 정말 바른 길을 가는 걸 잊지 않고 계신 겁니까?

지화 나는 지금 저들이 나와 같은 시대에 태어나 같은 곳에서 살고 있다는 것을 압니다. 그런데 저들은 자기들만 통속적이지 않고 세상을 넘어서는 잘난 사람들이라고 생각합니다. 이것은 아무 생각 없이 시대의 흐름과 시비의 분별만을 보기 때문이지요. 저들은 세상 골짜기世俗에 휩쓸려 정말 소중한 것을 잊고 정말 존경해야 할 것을 버렸으면서도 자기가 할 일을 하고 있다고 생각합니다. 오래 살고 몸 편하고 마음 즐겁게 사는 길이 정말 어떤 것인지에 대해 저들과 논하기도 어렵겠지요. 저들은 정말 고통스러운 질병이 무엇인지, 정말 편하고 즐거운 안락함이 무엇인지를 몸에 비추어볼 줄 모릅니다. 저들은 정말 두려워해야 할 것이 무엇인지, 정말 기뻐해야 할 것이 무엇인지를 마음에 비추어볼 줄 모릅니다. 일을 할 줄 알지만 왜 하는지 모릅니다. 그러니 천자가 귀한 줄 알고 부자가 세상을 다 가지는 줄 압니다. 재앙을 피할 수 없습니다.

─〈도척〉

無足問於知和 曰 人卒未有不興名就利者 彼富則人歸之 歸則下之 下則貴之 夫見
下貴者 所以長生安體樂意之道也 今子獨無意焉 知不足邪 意知而力不能行邪 故
推正不忘邪 知和曰 今夫此人 以爲與己 同時而生 同鄉而處者 以爲夫絶俗過世之
士焉 是專無主正 所以覽古今之時 是非之分也 與俗化世 去至重 棄至尊 以爲其
所爲也 此其所以論長生安體樂意之道 不亦遠乎 慘怛之疾 恬愉之安 不監於體 怵
惕之恐 欣歡之喜 不監於心 知爲爲 而不知所以爲 是以 貴爲天子 富有天下 而不
免於患也

─〈盜跖〉

96

부자들의 불행

　지금 부자들은 온갖 종과 북, 그리고 피리 소리로 귀를 흔들고 있습니다. 그들은 소고기, 돼지고기, 각종 고급술로 입을 가득 채우고 있습니다. 이렇게 자기 마음을 어지럽히고 자기 일을 잊고 있습니다. …… 그러다 재앙이 닥치면 그제야 능력과 돈 모든 것을 바쳐 단 하루라도 아무 일 없이 살고 싶다고 합니다. 그러나 할 수 없습니다. 이름을 내려고 하면 아무것도 보이지 않습니다. 이익을 구하려고 하면 아무것도 얻을 수 없습니다.

―〈도척〉

今 富人 耳營鐘鼓管籥之聲 口嗛於芻豢醪醴之味 以感其意 遺忘其業……及其患至 求盡性竭財 單以反一日之無故 而不可得也 故觀之名則不見 求之利則不得

―〈盜跖〉

돈으로 사람들을 희롱하지 않습니다

무족 부富는 사람에게 해로울 게 없습니다. 세상의 아름다움을 다 누릴 수 있고 모든 세력을 다 가질 수 있습니다. 순수한 사람도 이를 수 없고 베푸는 사람도 미칠 수 없습니다. 부자는 남의 용기를 사서 옆에 끼고 자신의 권위를 강화합니다. 남의 지모를 사서 붙들어두고 분명히 살펴봅니다. 남의 덕을 사서 그걸로 선량하게 베풉니다. 나라를 갖지는 못했어도 위엄은 군주와 같습니다. 게다가 아름다운 소리와 색을 듣고 보는 것, 맛있는 음식을 먹는 것, 권세를 부리는 것, 이런 것들은 사람이 마음으로 배우지 않고도 즐길 수 있는 것입니다. 따라 배우지 않아도 저절로 편하게 되는 것입니다. 바라고 미워하고 피하고 나가고 싶어 하는 것은 사실 스승이 가르치는 것이 아닙니다. 이것은 사람의 본성입니다. 나뿐만이 아니라 세상 누군들 이를 사양할 수 있겠습니까?

지화 지혜로운 사람이라면 다른 사람들과 크게 다르지 않게 행동합니다. 그래서 만족스럽고 다툼이 없습니다. 그럴 이유가 없어 구하지 않습니다. 그러나 만족을 모르면 구하게 됩니다. 세상을 돌아다니며 싸우면서도 자신이 탐욕스러운 줄을 모릅니다. 반면에 만족을 알면 여유가 생깁니다. 그래서 사양하는 것입니다. 세상을 버리고도 스스로 청렴하다고 생각하지 않습니다. …… 천자의 위세를 지닌 귀한 신분을 가졌어도 사람들을 깔보지 않습니다. 세상을 다 가진 부자라도 돈財을 가지고 사람들을 희롱하지 않습니다.

— 〈도척〉

無足曰 夫富之於人 無所不利 窮美究執 至人之所不得逮 賢人之所不能及 俠人之勇力而以爲威强 秉人之知謀以爲明察 因人之德以爲賢良 非享國而嚴若君父 且夫聲色滋味權勢之於人 心不待學而樂之 體不待象而安之 夫欲惡避就 固不待師 此人之性也 天下雖非我 孰能辭之 知和曰 知者之爲 故動以百姓 不違其度 是以足而不爭 無以爲故不求 不足故求之 爭四處而不自以爲貪 有餘故辭之 棄天下而不自以爲廉……勢爲天子而不以貴驕人 富有天下而不以財戱人

— 〈盜跖〉

하늘의 벌을 받은 사람

부富를 좋은 것으로 여기는 사람은 남에게 재산을 내주지
못합니다. 유명해지는 것을 좋은 것으로 여기는 사람은 남
에게 명성을 내주지 못합니다. 권력의 맛을 본 사람은 남에
게 권력을 내주지 못합니다. 이런 것들을 부여잡고는 두려
움에 떨고 있습니다. 이런 것들을 잃고는 슬픔에 빠져 있습
니다. 한 번도 제 자신을 돌아보지 않습니다. 이것들만 엿보
며 쉬지 못합니다. 이런 사람들을 '하늘의 벌을 받은 사람'
이라고 합니다.

— 〈천운〉

以富爲是者 不能讓祿 以顯爲是者 不能讓名 親權者 不能與人柄 操之則慄 舍之
則悲 而一無所鑒 以闚其所不休者 是天之戮民也

— 〈天運〉

쓸모

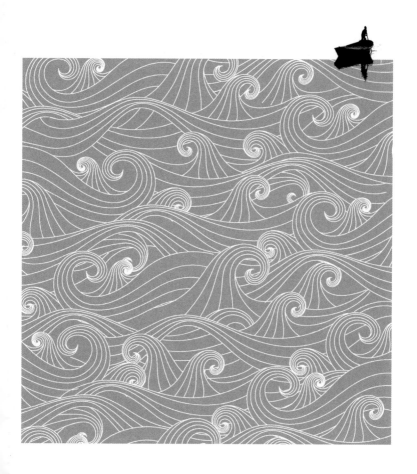

쓸모없다고 걱정하지 마세요

어느 날 장자가 친구 혜자와 이야기를 나눕니다.

혜자 위나라 왕이 준 큰 박 씨를 심었더니 거기서 다섯 섬들이 박이 열리더군요. 거기에 물을 채웠더니 너무 무거워서 들 수가 없지 뭡니까? 그래서 쪼개서 바가지를 만들었지요. 이번엔 너무 커서 담을 만한 것이 없지 뭡니까? 크기만 하고 달리 쓸모가 없어 깨뜨려버렸답니다.

장자 그대는 큰 것을 쓸 줄 모르는군요. …… 다섯 섬들이 박으로 큰 술잔 같은 배를 만들어 강호에 띄워놓고 즐길 생각은 못했나 봅니다. 너무 커서 담을 만한 것이 없다고 걱정만 하고 있는 겁니까? ……

혜자 나에게 큰 나무가 한 그루 있습니다. 사람들이 그것을 가죽나무라고 부르더군요. 몸통이 울퉁불퉁해서 먹줄을 칠 수 없어요. 작은 가지는 굽어서 자를 댈 수도 없고요. 길가에 서 있지만 대목들이 쳐다보지도 않네요. 지금 그대의 말이 크기만 하지 쓸모가 없어서 사람들이 그 말을 거들떠보지도 않는 겁니다.

장자 그대는 너구리나 살쾡이를 본 적이 없습니까? 몸을 낮추고 엎드려 먹이를 노리다가 결국은 이리 뛰고 저리 뛰고, 높이 뛰고 낮게 뛰다 그물이나 덫에 걸려 죽고 맙니다. 이제 들소를 봅시다. 크기가 하늘에 뜬 구름처럼 크지만 쥐한 마리도 못 잡습니다. 그 큰 나무가 지금 쓸모없다고 걱정하지 마세요. 그것을 '담 없는 마을無何有之鄕' 너른 들판에 심으세요. 그 주변을 일없이 다니고 그 아래 누워 낮잠이나 자며 노세요. 그 나무는 도끼에 찍힐 일도, 달리 해를 당할 일도 없을 것입니다. 쓸모없다고 괴로워할 일이 뭐 있겠습니까?

— 〈소요유〉

惠子謂莊子曰 魏王貽我大瓠之種 我樹之 成而實五石 以盛水漿 其堅不能自舉也
剖之以爲瓢 則瓠落無所容 非不呺然大也 吾爲其無用而掊之 莊子曰 夫子固拙於
用大矣……今子有五石之瓠 何不慮以爲大樽 而浮乎江湖 而憂其瓠落無所用……
惠子謂莊子曰 吾有大樹 人謂之樗 其大本擁腫而不中繩墨 其小枝卷曲而不中規
矩 立之塗 匠者不顧 今子之言 大而無用 衆所同去也 莊子曰 子獨不見狸狌乎 卑
身而伏 以候敖者 東西跳梁 不辟高下 中於機辟 死於罔罟 今夫斄牛 其大若垂天
之雲 此能爲大矣 而不能執鼠 今子有大樹 患其無用 何不樹之於無何有之鄕 廣莫
之野 彷徨乎無爲其側 逍遙乎寢臥其下 不夭斤斧 物無害者 無所可用 安所困苦哉
　　　　　　　　　　　　　　　　　　　　　　　　　　　　　　　　　—〈逍遙遊〉

105

쓸모로만 재단하는 세상

쓸모 있다는 기준을 세워 쓸모 있다고 하니 세상에 쓸모 없는 것이 없게 되고, 쓸모없다는 기준을 세워 쓸모없다고 하니 세상에 쓸모 있는 것이 없게 됩니다. 동과 서를 서로 반대편에 놓고 서로 없어서는 안 된다고 하는 것을 보면 이렇게 쓸모로만 나누고 있는 것이 분명합니다.

— 〈추수〉

以功觀之 因其所有而有之 則萬物莫不有 因其所無而無之 則萬物莫不無 知東西
之相反 而不可以相無 則功分定矣

— 〈秋水〉

쓸모 있다는 것만 남겨놓고
모두 없애버린다면

장자 쓸모없음을 알아야 비로소 쓸모를 말할 수 있습니다. 저 땅은 넓고도 큽니다. 하지만 사람에게 쓸모 있는 것은 발이 닿는 부분입니다. 그렇다고 발이 닿는 부분만 재서 남겨놓고 쓸모없는 땅을 황천까지 파버린다고 해봅시다. 그래도 과연 남겨놓은 땅이 쓸모가 있을까요?

혜자 쓸모가 없겠지요.

장자 쓸모없는 것이 쓸모 있음이 분명하네요.

— 〈외물〉

莊子曰 知無用 而始可與言用矣 夫地非不廣且大也 人之所用 容足耳 然則 廁足
而 墊之 致黃泉 人尙有用乎 惠子曰 無用 莊子曰 然則 無用之爲用也 亦明矣

— 〈外物〉

없어도 좋은 것은 없습니다

  사실 어떤 것도 그렇습니다. 사실 어떤 것도 그럴 수 있습니다. 그렇지 않다는 것은 없습니다. 그럴 수 없다는 것은 없습니다. 그래서 작은 풀줄기든 큰 기둥이든, 문둥이든 미인 서시든 간에 아무리 엉뚱하고 이상하더라도 자연스러운 길에서 보면 모두가 하나로 통합니다.

— 〈제물론〉

物固有所然 物固有所可 無物不然 無物不可 故爲是擧莛與楹 厲與西施 恢恑憰怪 道通爲一

— 〈齊物論〉

쓸모 있다 없다는 생각

장자가 산속을 걸어가는데 가지와 잎이 무성한 큰 나무가 한 그루 서 있었습니다. 나무꾼이 그 곁에 있으면서도 나무를 베려 하지 않았습니다. 장자가 궁금해서 까닭을 물었습니다.

나무꾼 쓸모가 없습니다.
장자 이 나무는 쓸모가 없어 천수를 누리는구나.

장자가 산에서 내려와 옛 친구 집에 묵게 되자, 친구가 반기며 심부름하는 아이에게 거위를 잡아 대접하라고 일렀습니다.

아이 한 마리는 잘 울고 한 마리는 울지 못하는데 어떤 걸 잡을까요?
주인 울지 못하는 놈을 잡아라.

다음 날 제자가 장자에게 물었습니다.

제자 어제 산속의 나무는 쓸모가 없어서 천수를 누리고 있었습니다. 그런데 오늘 주인의 거위는 쓸모가 없어서 죽었습니다. 선생님께서는 어디에 머무시렵니까?

장자가 웃으며 말했습니다.

장자 쓸모 있음과 쓸모없음의 중간에 머문다고 하면 그럴듯하겠지만 그건 아니다. 사이비다. 세상일에 휘말리지 않을 수 없을 것이다. 그러나 '본래 모습德' 그대로 '자연스러운 길道'을 따라 노닌다면 괜찮을 것이다. 칭찬이나 비난에 무심한 채 용이 되기도 하고 뱀이 되기도 하면서 흐르는 대로 따라가 무엇이 되겠다고 떼쓰지 않으며, 오르락내리락 조화로 가득 채우면서 모든 것들의 처음에서 노닐고 무엇이든 있는 그대로 받아들이고 무언가에 대한 무언가의 쓸모로 다루지 않으면 어디에든 휘말릴 일이 있겠느냐?

— 〈산목〉

莊子行於山中 見大木 枝葉 盛茂 伐木者 止其旁而不取也 問其故 曰 無所可用
莊子曰 此木 以不材 得終其天年 夫子出於山 舍於故人之家 故人喜 命豎者 殺雁
而烹之 豎者 請曰 其一 能鳴 其一 不能鳴 請奚殺 主人曰 殺不能鳴者 明日 弟子
問於莊子曰 昨日 山中之木 以不材 得終其天年 今 主人之雁 以不材 死 先生 將
何處 莊子笑曰 周 將處乎材與不材之間 材與不材之間 似之而非也 故 未免乎累
若夫乘道德而浮遊 則不然 無譽無訾 一龍一蛇 與時 俱化而無肯專爲 一上一下
以和爲量 浮遊乎萬物之祖 物物而不物於物 則胡可得而累邪

— 〈山木〉

111

쓸모니 이익이니 기계니
생각하지 않았습니다

자공이 남쪽 초나라를 여행하고 진^晉나라로 돌아오는 길에 한수漢水의 남쪽을 지나고 있었습니다. 그때 마침 한 노인이 밭에서 일을 하고 있었습니다. 노인은 굴을 뚫고 우물에 들어가 항아리로 물을 길어다가 밭에 물을 주고 있었습니다. 끙끙대며 애는 많이 쓰지만 성과는 적었습니다. 그래서 자공이 말했습니다.

자공 이럴 때 쓰는 기계가 있습니다. 하루에 백 이랑이나 물을 댈 수 있는 기계입니다. 조금만 수고해도 효과가 큽니다. 선생께선 그걸 써보실 생각이 없는지요?

밭일하던 노인이 올려다보며 말했습니다.

노인 어떻게 하는 겁니까?

자공 나무에 구멍을 뚫어 만든 기계입니다. 뒤쪽은 무겁고 앞쪽은 가볍습니다. 물을 끌어 올리는 게 얼마나 빠른지 콸콸 넘칠 정도입니다. 두레박이라고 하는 것입니다.

밭일하던 노인은 불끈 낯빛을 붉히더니 이내 웃으면서 말했습니다.

노인 나도 내 스승에게 들은 바가 있습니다. 기계를 갖게 되면 기계로 인한 일이 생기게 마련이고 그런 일이 생기면 기계에 사로잡히는 마음機心이 생기게 마련이지요. 그런 마음을 갖게 되면 순백의 마음이 손상되고, 순백의 마음이 손상되면 신비한 본성이 불안해집니다. 신비한 본성이 불안해지면 자연스러운 길道을 잃게 됩니다. 내가 그걸 모르는 게 아니에요. 창피해서 쓰지 않을 뿐이지요.

— 〈천지〉

子貢南遊於楚 反於 過漢陰 見一丈人 方將爲圃畦 鑿隧而入井 抱甕而出灌 搰搰
然 用力甚多 而見功寡 子貢曰 有械於此 一日 浸百畦 用力甚寡而見功多 夫子
不欲乎 爲圃者 卬而視之曰 奈何 曰 鑿木爲機 後重前輕 挈水若抽 數如泆湯 其
名爲槔 爲圃者 忿然作色而笑 曰 吾聞之吾師 有機械者 必有機事 有機事者 必有
機心 機心存於胸中 則純白不備 純白不備則 神生不定 神生不定者 道之所不載也
吾非不知 羞而不爲也

一〈天地〉

쓸모 있다 없다는 판단으로
차별하게 됩니다

쓸모로 판단하지 말고 자연이 쓰는 대로 맡기세요. 자연이 쓰는 것이 진짜 쓸모 있는 것이고……이것이 자연스러운 길道입니다.

— 〈제물론〉

爲是不用而寓諸庸 庸也者 用也……謂之道

— 〈齊物論〉

'귀천'의 차별이 어디에서 오고 '작다 크다'는 구별이 어디에 있는 걸까요?

자연스러운 길道에서 보면 귀한 것도 천한 것도 없습니다. …… 때에 따라 귀해지기도 하고 천해지기도 하는 것입니다. 대들보나 마룻대로 성벽을 부술 수는 있지만 작은 구멍을 막을 수는 없습니다. 이는 각기 쓰임이 다름을 말해줍니다.

기기騏驥나 화류驊騮 같은 준마는 하루에 천 리를 달립니다. 그러나 쥐 잡는 일에는 너구리나 살쾡이만도 못합니다. 이는 각자 기능이 다름을 말해줍니다.

올빼미는 캄캄한 밤에도 벼룩을 잡고 털끝까지 헤아려 봅니다. 그러나 낮에는 눈을 부릅떠도 산이나 언덕을 보지 못합니다. 이는 각자 타고난 본성이 다름을 말해줍니다. ……

침묵하십시오. …… '귀천'이라는 차별의 문이 어디에 있는지, '작다 크다'는 구별의 집이 어디에 있는지 어떻게 알겠습니까?

— 〈추수〉

以道觀之 物無貴賤……貴賤有時 未可以爲常也 梁麗 可以衝城 而不可以窒穴 言
殊器也 騏驥驊騮 一日而馳千里 捕鼠不如狸狌 言殊技也 鴟鵂夜撮蚤 察豪末 晝
出 瞋目而不見丘山 言殊性也……黙黙乎……女 惡知貴賤之門 小大之家

—〈秋水〉

똥이나 오줌에도 있습니다

동곽자가 장자에게 물었습니다.

동곽자 길道이란 어디에 있습니까?
장자 없는 곳이 없습니다.
동곽자 구체적으로 말씀해주셔야 알 것 같습니다.
장자 땅강아지나 개미에게 있습니다.
동곽자 어찌 그렇게 하찮은 것에 있습니까?
장자 돌피나 피에 있습니다.
동곽자 어찌 그렇게 더 하찮은 것에 있습니까?
장자 기와와 벽돌에도 있습니다.
동곽자 어찌 그렇게 더 심해집니까?
장자 똥이나 오줌에도 있습니다.

동곽자는 대꾸하지 않았습니다.   —〈지북유〉

東郭子問於莊子曰 所謂道 惡乎在 莊子曰 無所不在 東郭子曰 期而後可 莊子曰
在螻蟻 曰何其下邪 曰在稊稗 曰何其愈下邪 曰在瓦甓 曰何其愈甚邪 曰在屎溺
東郭子不應

—〈知北遊〉

어떻게 살아야 하는가

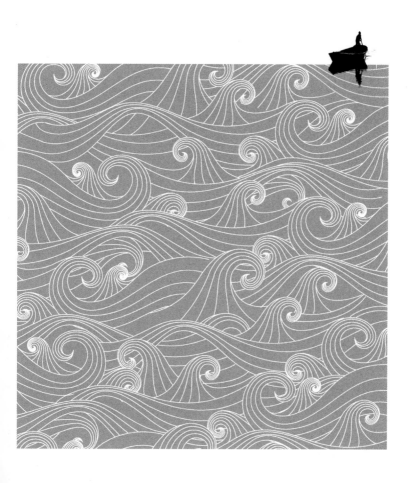

01

세상은 밤나무 숲입니다

장자가 조릉雕陵이라는 밤나무 숲 가를 거닐고 있었습니다. 그때 이상한 까치 한 마리를 보았는데 남쪽에서 온 것이었습니다. 날개 너비가 일곱 자나 되고 눈의 지름이 한 치나되었습니다. 까치는 장자의 이마를 스치며 밤나무 숲으로날아갔습니다.

장자 저건 대체 무슨 새지? 날개가 큰데도 높이 날지 못하고 눈이 큰데도 제대로 보지 못하네.

장자는 바짓가랑이를 걷어 올리고 살금살금 기어가 활을당겨 까치를 겨누었습니다. 그 순간 매미 한 마리가 시원한그늘에서 제 몸을 잊은 채 울고 있었고, 사마귀가 도끼 발을들고 그 매미를 잡으려 하고 있었습니다. 사마귀는 매미를잡는 데만 정신이 팔려 제 사정을 모르고 있었습니다. 이상한 까치가 그 사마귀를 노리고 있었던 것입니다. 까치 또한 사마귀를 죽일 생각뿐이라 제 상황을 모르고 있었습니다. 장자는 깜짝 놀랐습니다.

장자 아! 모든 것들이 서로 얽혀 있구나. 하나가 다른 하나에게 재앙이 되는구나.

장자가 활을 버리고 그냥 가려 하는데 산지기가 쫓아와 그를 나무랐습니다. 장자는 집에 돌아와서도 삼 일 동안이나 기분이 나빴습니다. 인저가 따라가 물었습니다.

인저 선생님! 무슨 일이 있습니까? 요즘 기분이 아주 안 좋으신 것 같습니다.

장자 내가 뭘 좀 지켜보다 망신을 당했다. 탁한 물을 들여다보다 맑은 물을 잊고 말았다. 선생님께서 '세상에 들어가면 그곳의 법을 따르라'고 말씀하셨는데, 내가 조릉에서 놀다가 망신을 당했구나. 이상한 까치가 내 이마를 스치고 가기에 나도 모르게 밤나무 숲까지 쫓아 들어갔다. 밤나무 숲의 산지기가 나를 도둑인 줄 알더구나. 그래서 기분이

나쁘다.

—〈산목〉

莊周遊於雕陵之樊 覩一異鵲 自南方來者 翼廣 七尺 目大 運寸 感周之顙而集於
栗林 莊周曰 此何鳥哉 翼殷不逝 目大不覩 蹇裳躩步 執彈而留之 覩 一蟬方得美
蔭而忘其身 螳螂 執翳而搏之 見得而忘其形 異鵲 從而利之 見利而忘其眞 莊周
怵然曰 噫 物固相累 二類相召也 捐彈而反走 虞人 逐而誶之 莊周反入 三日 不
庭 藺且 從而問之 夫子 何爲 頃間 甚不庭乎 莊周曰 吾守形 而忘身 觀於濁水而
迷於淸淵 且吾聞諸夫子 曰入其俗 從其令 今吾遊於雕陵而忘吾身 異鵲 感吾顙
遊於栗林而忘眞 栗林虞人以吾爲戮 吾所以不庭也

—〈山木〉

02

마음을 굶기세요

안회가 길을 떠나겠다며 공자에게 하직 인사를 했습니다.

공자 어디로 가려 하느냐?

안회 위나라로 가려고 합니다.

공자 무엇하러 가려는 것이냐?

안회 제가 듣기로 위나라 임금이 젊은 혈기에 제멋대로 국력을 소진시킨다 합니다. 그러면서도 자신의 잘못을 모른답니다. 사람들을 사지에 몰아넣어 죽은 자의 시체가 못에 넘칠 정도이고 마치 타버린 풀과 같다고 합니다. 사람들이 갈 곳을 모르고 헤매고 있답니다. ……

공자 굶어라. ……

안회 저는 가난하여 몇 달 동안 술도, 양념한 음식도 먹지 못했습니다. 그렇다면 제가 굶었다고 할 수 있지 않을까요?

공자 그렇게 굶는 것은 제사 때 하는 것이다. '마음을 굶는 것心齋'이 아니다.

안회 마음을 굶는 것이 무엇인지 가르쳐주십시오.

공자 뜻을 하나로 모아라. 귀로 듣지 말고 마음으로 들어라. 마음으로 듣지 말고 흐름氣으로 들어라. 귀는 듣는 감각에 그치고 마음은 지각에 그친다. 하지만 흐름이란 텅 비어 있어 무엇이든 기다리는 것이다. 비워야 길이 나니, 비우는 것이 마음을 굶는 것이다.

안회 제가 그리 하기 전엔 저 자신 안회입니다. 하지만 그리 하고 나면 저 자신인 안회가 더 이상 존재하지 않습니다. 이러면 비웠다 할 수 있습니까?

공자 바로 그것이다. 들어보아라. 위나라의 울타리 안에 들어가 놀더라도 이름 따위에 흔들리지 마라. 그곳이 네 말을 받아주거든 말을 하고 받아주지 않거든 멈추어라. 문을 닫지도 성을 쌓지도 말고 한마음으로 머물러라. '그냥 그대로의 흐름不得已'에 맡겨라. 이것이 최선이다. 자취를 끊고 은거하기란 쉽다. 하지만 다니면서 땅을 밟지 않기란 어려운 법이다. 인간사에 매이면 거짓을 저지르기 쉽다. 하지만 자연을 따르면 거짓을 저지르기 어렵다. 날개가 있어 난다는 말은 들었어도 날개 없이 난다는 말은 들어보지 못했을 것이다. 앎이 있어 안다는 말은 들었어도 앎이 없이 안다는 말은 못 들었을 것이다. 저 빈 곳을 보아라. 텅 빈 방에 비치는 순백의 햇살. 좋은 조짐吉祥은 고요 속에 머무르는 것이다. 고요하지 않으면 머물지 않는다. 이것을 '앉아서 달린다坐馳'고 하는 것이다. 듣고 보는 대로 받아들이고 닫힌 마음成心과 작은 앎小知에서 벗어나라. 그러면 귀신도 머물 것인데 사람이야 말할 나위 없다. 이것이 모든 것들을 되게 할 것이다.

— 〈인간세〉

顏回見仲尼 請行 曰 奚之 曰 將之衛 曰 奚爲焉 曰 回聞衛君 其年壯 其行獨 輕用其國 而不見其過 輕用民死 死者以國量乎澤若蕉 民其無如矣 回嘗聞之夫子曰 治國去之 亂國就之 醫門多疾 願以所聞思其〈所行〉則 庶幾其國有瘳乎……仲尼曰 齋……顏回曰 回之家貧 唯不飲酒不茹葷者 數月矣 如此 則可以爲齋乎 曰 時祭祀之齋 非心齋也 回曰 敢問心齋 仲尼曰 若一志 無聽之以耳 而聽之以心 無聽之以心而聽之以氣 聽止於耳 心止於符 氣也者 虛而待物者也 唯道集虛 虛者 心齋也 顏回曰 回之未始得使 實自回也 得使之也 未始有回也 可謂虛乎 夫子曰 盡矣 吾語若 若能入遊其樊 而無感其名 入則鳴 不入則止 無門無毒 一宅而寓於不得已 則幾矣 絶迹易 無行地難 爲人使易以僞 爲天使難以僞 聞以有翼飛者矣 未聞以無翼飛者也 聞以有知知者矣 未聞以無知知者也 瞻彼闋者 虛室生白 吉祥止止 夫且不止 是之謂坐馳 夫徇耳目內通 而外於心知 鬼神將來舍 而況人乎 是萬物之化也

—〈人間世〉

물이 깊지 않으면 큰 배를
띄울 수 없습니다

물이 깊지 않으면 큰 배를 띄울 수 없습니다. 한 잔의 물을 마루의 움푹 파인 곳에 엎지르면 겨자씨 정도가 배가 될 수 있겠지요. 하지만 거기에 잔을 놓으면 바닥에 닿고 맙니다. 물은 얕고 배는 크기 때문입니다. 마찬가지로 바람이 두텁게 쌓이지 않으면 큰 날개를 짊어질 수 없습니다. 높이 구만리까지 올라야 바람이 아래에 두텁게 쌓이게 됩니다. 그런 뒤에야 대붕은 바람을 타고 파란 하늘을 등에 지고서 길을 막는 것 없이 남쪽을 향하기 시작합니다.

―〈소요유〉

水之積也不厚 則負大舟也無力 覆杯水於坳堂之上 則芥爲之舟 置杯焉則膠 水淺
而舟大也 風之積也不厚 則其負大翼也無力 故九萬里則風斯在下矣 而後乃今培
風 背負靑天 而莫之夭閼者 而後乃今將圖南

―〈逍遙遊〉

130

왕에게 막중한 임무를 받았는데
어찌해야 합니까?

섭공葉公 자고子高가 사신으로 제나라에 가게 되자 공자에게 물었습니다.

"왕이 내게 내린 임무가 막중합니다. 제나라에서는 사신을 정중히 대접하긴 하겠지요. 하지만 일을 서둘러 처리해주지는 않을 것입니다. 보통 사람에게도 재촉할 수 없는데, 제후에게 어찌 재촉하겠습니까? 심히 두렵습니다. 선생께서 저에게 이런 말씀을 하신 적이 있습니다. '매사에 작든 크든 길道이 아닌데 그 길에서 기쁘게 성공하는 일은 드뭅니다. 성공하지 못하면 인간사의 처벌을 받을 것이고 성공해도 음양의 괴로움을 당할 것입니다. 성공하든 못하든 괴로움에 시달리지 않을 사람은 본래 모습을 간직한 사람뿐입니다.' 저는 자극적이지 않은 간단한 요리를 먹었습니다. 부엌에서 불을 사용하지 않아, 덥다는 사람도 없었습니다. 그런데도 아침에 왕명을 받고 하루 종일 얼음물을 마셔대니, 아무래도 몸에 열이 있는 듯합니다. 아직 일이 닥치지도 않았는데 벌써 음양의 괴로움을 겪고 있습니다. 게다가 성공하지 못하면 인간사의 처벌을 받을 것입니다. 두 재앙이 한꺼번에 닥쳤습니다. 남의 신하 된 자로 감당하기 어려우니 선생께서 가르침을 주십시오."

— 〈인간세〉

이러한 자고의 청을 듣고 공자는 두 가지를 말해줍니다. 이어지는 두 개의 글을 함께 읽어보세요.

葉公子高將使於齊 問於仲尼曰 王使諸梁也甚重 齊之待使者 蓋將甚敬而不急 匹
夫猶未可動 而況諸侯乎 吾甚慄之 子常語諸梁也 曰 凡事若小若大 寡不道以懽成
事若不成 則必有人道之患 事若成 則必有陰陽之患 若成若不成而後無患者 唯有
德者能之 吾食也執粗而不臧 爨無欲淸之人 今吾朝受命而夕飮氷 我其內熱與 吾
未至乎事之情 而旣有陰陽之患矣 事若不成 必有人道之患 是兩也 爲人臣者 不足
以任之 子其有以語我來

— 〈人間世〉

최선을 다하다 보면
어려운 상황을 잊게 됩니다
— 공자가 섭공 자고에게 하는 말(1)

공자가 말했습니다. "자식이 부모를 섬기는데 어디서든 편안하게 모시는 것이 효를 다하는 것입니다. 신하가 임금을 모시는데 무슨 일이든 편안히 섬기는 것이 충을 다하는 것입니다. 자신의 마음을 섬기는 자에게서는 목전의 일을 두고 슬픔과 기쁨이 교차하지 않습니다. 피할 수 없음을 알고 운명을 편안히 받아들이는 것이 순수한 본래 모습입니다. 신하인 자나 자식인 자에게는 어쩔 수 없는 상황이 있게 마련입니다. 그 상황에서 최선으로 행동하면 자신을 잊게 마련입니다. 그런데 삶을 기뻐하고 죽음을 싫어할 겨를이 어디 있겠습니까? 이런 마음으로 행하셔야 합니다."

— 〈인간세〉

仲尼曰……夫事其親者 不擇地而安之 孝之至也 夫事其君者 不擇事而安之 忠之
盛也 自事其心者 哀樂不易施乎前 知其不可奈何而安之若命 德之至也 爲人臣子
者 固有所不得矣 行事之情而忘其身 何暇至於悅生而惡死夫 子其行可矣

              —〈人間世〉

노니는 마음으로 운명을 즐기세요

— 공자가 섭공 자고에게 하는 말(2)

공자가 말했습니다.

"가까운 나라와 교류할 때는 신의로써, 먼 나라와 교류할 때는 말로써 진실한 관계를 맺게 됩니다. 말은 반드시 누군가 전해야 합니다. 양쪽을 다 같이 기뻐하게 하거나 다 같이 화내게 할 말을 전하기란 정말 어려운 일입니다. 양쪽을 다 같이 기쁘게 하려면 좋은 말을 과장하게 마련이고 양쪽을 다 같이 화내게 하려면 나쁜 말을 과장하게 마련입니다. 과장하는 말은 거짓말이나 마찬가지입니다. 거짓말을 하면 신의를 잃게 됩니다. 신의를 잃으면 말을 전한 사람이 화를 입게 됩니다. ……

또 장난삼아 힘을 겨룰 때 처음엔 재미로 시작하지만 늘 화를 내는 것으로 끝을 보게 됩니다. 장난이 지나쳐 기괴한 장난이 생겨나면서 정도를 넘어서게 됩니다. 예를 갖추고 술을 마실 때도 처음엔 제정신으로 시작하지만 늘 난장판으로 끝을 내게 됩니다. 너무 지나쳐 괴이한 오락이 넘치게 됩니다. 어떤 일이나 마찬가지입니다. 좋은 마음으로 시작하지만 언제나 형편없이 끝납니다. 간단히 시작했던 것이 끝낼 때는 돌이킬 수 없게 됩니다.

　말은 바람이나 물결과도 같습니다. 그리고 행동함에는 얻고 잃는 것이 있습니다. 바람과 물결은 쉽게 움직이고, 얻고 잃는 것은 쉽게 위험에 빠지게 됩니다. 사람들이 분노하게 되는 것은 모두 간사한 말과 치우친 언사 때문입니다. …… 정도를 지나치면 넘치게 마련입니다. 명령을 바꾸는 것이나 억지로 이루려 하는 것은 모두 위험한 일입니다.

　좋은 일은 성사되려면 시간이 걸리게 마련입니다. 한번 잘못된 일은 고칠 수도 없으니 신중하셔야 합니다. 노니는 마음遊心으로 일의 흐름을 타고 마음을 기르십시오養中. '그냥 그대로의 흐름'에 맡겨두는 것이 좋습니다."

— 〈인간세〉

凡交近則必相靡以信 遠則必忠之以言 言必或傳之 夫傳兩喜兩怒之言 天下之難
者也 夫兩喜必多溢美之言 兩怒必多溢惡之言 凡溢之類妄 妄則其信之也莫 莫則
傳言者殃……且以巧鬪力者 始乎陽 常卒乎陰 泰至則多奇巧 以禮飲酒者 始乎治
常卒乎亂 泰至則多奇樂 凡事亦然 始乎諒 常卒乎鄙 其作始也簡 其將畢也必巨
夫言者風波也 行者 實喪也 夫風波易以動 實喪易以危 故忿設無由 巧言偏辭……
過度益也 遷令勸成殆事 美成在久 惡成不及改 可不慎與 且夫乘物以遊心 託不得
已以養中 至矣

—〈人間世〉

빈 배

　배를 타고 강을 건너는데 빈 배가 와서 자기 배에 부딪치면 아무리 속 좁은 사람이라도 화를 내지 않을 겁니다. 그러나 그 배에 한 사람이라도 타고 있으면 배를 밀어라 당겨라 소리를 지를 겁니다. 한 번 소리쳐서 듣지 않고 다시 소리쳐도 듣지 않아 세 번 소리를 지르게 되면 욕설이 따를 것입니다. 아까는 화를 내지 않았는데 이번에는 화를 내게 되는 것은 아까는 빈 배였고 이번에는 사람이 배에 타고 있기 때문입니다. 사람이 빈 배처럼 자기를 비우고 세상에서 노닌다면 누가 그를 해칠 수 있겠습니까?

— 〈산목〉

方舟而濟於河 有虛船來觸舟 雖有偏心之人 不怒 有一人 在其上 則 呼張歙之 一呼而不聞 再呼而不聞 於是 三呼邪則 必以惡聲隨之 向也不怒 而今也怒 向也虛而今也實 人能虛己以遊世 其孰能害之

— 〈山木〉

남의 잘못만 아는 사람을
어찌해야 합니까?

성정 사나운 위령공 태자의 스승이 된 안합이 거백옥에게
고민을 털어놓습니다. "여기 타고난 자질이 부족하고 잔인
한 사람이 있습니다. 그가 하는 일을 내버려둔다면 나라가
위태로워질 것이고 그가 하는 일을 막으려 한다면 제 몸이
위험해질 것입니다. 그는 남의 잘못만 알지 그 원인이 자신
에게 있다는 것은 모릅니다. 이런 사람을 제가 어찌해야 합
니까?"

— 〈인간세〉

이러한 안합의 질문에 거백옥은 네 가지를 말해줍니다. 이어지
는 네 개의 글을 함께 읽어보세요.

顔闔將傳衛靈公太子 而問於蘧伯玉 曰 有人於此 其德天殺 與之爲無方 則危
吾國 與之爲有方 則危吾身 其知適足以知人之過 而不知其所以過 若然者 吾
奈之何

— 〈人間世〉

일단 상대방이 되어보세요
— 안합에게 하는 말(1)

거백옥이 말했습니다. "좋은 질문입니다. 조심하고 삼가
십시오. 몸을 바르게 해야 할 것입니다. 겉으론 그를 따르고
마음을 온화하게 하는 것이 가장 좋습니다. 하지만 그렇게
해도 어려움이 있을 것입니다. 그를 따르되 스스로 빠져들
어서도 안 되고 온화하게 하되 자신을 드러내려 해서도 안
됩니다. …… 그가 어린아이처럼 굴면 그대도 어린아이가
되시고 그가 멋대로 굴면 그대도 멋대로 하십시오. 그가 터
무니없이 하거든 그대도 터무니없이 하십시오. 그러면 막
힘이 없어 흠 없는 관계에 들어갈 것입니다."

— 〈인간세〉

蘧伯玉曰 善哉問乎 戒之 愼之 正汝身也哉 形莫若就 心莫若和 雖然 之二者有患 就不欲入 和不欲出⋯⋯彼且爲嬰兒 亦與之爲嬰兒 彼且爲無町畦 亦與之爲無町畦 彼且爲無崖 亦與之爲無崖 達之 入於無疵

―〈人間世〉

자신의 능력을 과신하지 마세요
── 안합에게 하는 말(2)

거백옥이 말했습니다. "그대는 사마귀라는 벌레의 이야기를 아시지요? 사마귀는 화가 나서 팔을 걷어붙이고는, 달려오는 수레에 맞섭니다. 자신이 수레를 감당할 수 없다는 것을 모르는 것이지요. 이것은 자신의 능력을 과신하는 것입니다. 조심하고 삼가십시오. 훌륭하다고 자만이 지나치면 위험해집니다."

── 〈인간세〉

汝不知夫螳螂乎 怒其臂以當車轍 不知其不勝任也 是其才之美者也 戒之 愼之 績
伐而美者以犯之 幾矣

── 〈人間世〉

상대의 성질을 잘 따르세요
— 안합에게 하는 말(3)

거백옥이 말했습니다. "그대는 호랑이 사육사가 어떻게 하는지 아시지요? 호랑이에게 먹이를 산 채로 주지 않습니다. 먹이를 죽일 때 생기는 사나운 노기를 염려해서입니다. 또 먹이를 통째로 주지도 않습니다. 먹이를 물어뜯을 때 생기는 사나운 노기를 염려해서입니다. 호랑이가 배고플 때와 배부를 때를 잘 알아서 호랑이로 하여금 사나운 노기를 쉬엄쉬엄 발산하게 합니다.

호랑이가 사람과 다르지만 자기를 기르는 사람에게 고분고분한 것은 그 사람이 호랑이의 성질을 잘 따랐기 때문입니다. 호랑이가 살기를 드러내는 것은 그 성질을 거슬렀기 때문입니다.

— 〈인간세〉

汝不知夫養虎者乎 不敢以生物與之 爲其殺之之怒也 不敢以全物與之 爲其決之
之怒也 時其飢飽 達其怒心 虎之與人異類而媚養己者 順也 故其殺之者 逆也

—〈人間世〉

사랑하는 데도 방법이 필요합니다
── 안합에게 하는 말(4)

거백옥이 말했습니다. "말을 사랑하는 사람이 있었습니
다. 광주리로 말의 똥을 받고 대합 껍질로 말의 오줌을 받을
정도였습니다. 그는 마침 모기가 말 등에 앉는 것을 보고 갑
자기 말 등을 때렸습니다. 그러자 말은 재갈을 벗고 그 사람
의 머리를 들이받고 가슴을 걷어찼습니다. 뜻은 지극했지
만 사랑하는 방법이 부족했습니다. 신중하지 않을 수 없습
니다."

── 〈인간세〉

夫愛馬者 以筐盛矢 以蜃盛溺 適有蚊虻僕緣 而拊之不時 則缺銜毀首碎胸 意有所
至而愛有所亡 可不愼邪

── 〈人間世〉

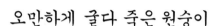

오만하게 굴다 죽은 원숭이

　오나라 왕이 강에서 뱃놀이를 하다가 원숭이가 사는 산으로 올라갔습니다. 원숭이들이 그를 보고 깜짝 놀라 모두 숲 속으로 달아났습니다. 그런데 한 마리가 느긋하게 이리저리 나뭇가지들 사이를 뛰어다녔습니다. 왕에게 보라는 듯이 재주를 부렸습니다. 왕이 활을 쏘자 원숭이는 날아오는 화살을 재빨리 붙잡았습니다. 그러자 왕이 신하들에게 계속 활을 쏘라고 명령했습니다. 원숭이는 화살에 맞아 죽고 말았습니다.

—〈서무귀〉

吳王 浮於江 登乎狙之山 衆狙見之 恂然棄而走 逃於深蓁 有一狙焉 委蛇攫抓 見巧乎王 王射之 敏給搏捷矢 王命相者 趨射之 狙執死

—〈徐无鬼〉

마음이 막히면 병이 됩니다

환공이 사냥을 하다가 연못에서 귀신을 봤다며 궁으로 돌아와 헛소리를 하면서 끙끙 앓았습니다. 그러자 황자고오라는 제나라 선비가 말했습니다.

황자고오 임금께서 스스로 병을 만드셨습니다. 귀신이 어떻게 공을 병들게 할 수 있겠습니까? 흐름氣이 막힌 채 흩어져 돌아오지 않으면 마음이 쇠약해집니다. 흐름이 위로 올라가 내려오지 않으면 사람들이 쉬 화를 내게 됩니다. 흐름이 아래로 내려가 올라오지 않으면 사람들이 쉬 잊어버립니다. 흐름이 올라가지도 내려가지도 않고 몸 가운데 머물러 있으면 마음이 막혀 병이 됩니다.

환공 그렇다면 귀신이 있습니까?

황자고오 있습니다. 연못에는 '위사'라는 연못 귀신이 있습니다.

환공 위사라는 연못 귀신은 어떻게 생겼습니까?

황자고오 위사는 몸 둘레가 수레 통만 하고 키는 수레 끌채만 하고 자주색 옷에 붉은 차림을 하고 있답니다. 천둥소리나 수레 소리를 싫어해서 그 소리를 들으면 머리를 들고 일어난답니다. 이를 본 사람은 패자가 된다고들 합니다.

환공이 껄껄껄 웃으며 말했습니다.

환공 과인이 본 것이 바로 그것이오.

그러고서 환공은 의관을 바로 하고 황자고오와 마주 앉아 하루 종일 이야기를 나누었습니다. 병이 나은 줄도 몰랐습니다.

— 〈달생〉

桓公田於澤……見鬼焉……公反 誒詒爲病……齊士 有皇子告敖者曰 公則自傷
鬼惡能傷公 夫忿滀之氣 散而不反 則爲不足 上而不下 則使人善怒 下而不上 則
使人善忘 不上不下 中身當心則爲病 桓公曰 然則有鬼乎 曰 有 沈有履 竈有髻
戶內之煩壤 雷霆處之 東北方之下者 倍阿鮭蠪 躍之 西北方之下者 則泆陽 處之
水有罔象 丘有峷 山有夔 野有彷徨 澤有委蛇 公曰 請問委蛇之狀 何如 皇子曰
委蛇 其大如轂 其長如轅 紫衣而朱冠 其爲物也 惡聞雷車之聲 則捧其首而立 見
之者 殆乎霸 桓公囅然而笑曰 此寡人之所見者也 於是 正衣冠 與之坐不終日而不
知病之去也

―〈達生〉

다른 것에 마음 쓰지 않고
집중만 하면 될까요?

공자가 초나라에 가다가 산속으로 들어가게 되었습니다. 거기서 한 꼽추가 매미를 주워 담듯이 잡고 있는 것을 보았습니다.

공자 정말 대단하십니다. 무슨 방법道이 있습니까?
꼽추 방법이 있지요. 대여섯 달 동안 손바닥에 구슬 두 개를 포개놓고 떨어뜨리지 않으면 실수가 줄어듭니다. 세 개를 포개놓고 떨어뜨리지 않으면 실수가 십 분의 일 정도 됩니다. 다섯 개를 포개놓고 떨어뜨리지 않으면 매미를 주워 담듯이 할 수 있습니다. 몸을 나무 그루터기처럼 웅크리고 팔은 마른 나뭇가지처럼 움직입니다. 천지가 드넓고 만물이 다양해도 아랑곳하지 않고 오직 매미 날개만 알 뿐입니다. 나는 다른 것에는 조금도 마음 쓰지 않고 매미 날개에만 집중합니다. 그러니 어찌 매미를 잡지 못하겠습니까?

공자가 제자들을 돌아보며 말했습니다.

공자 '뜻을 모아라. 그리고 마음에 집중하라.' 꼽추 노인이
이를 말하고 있구나.

—〈달생〉

仲尼適楚 出於林中 見痀僂者 承蜩 猶掇之也 仲尼曰 子巧乎 有道邪 曰 我 有道
也 五六月 累丸二而不墜則失者錙銖 累三而不墜則失者十一 累五而不墜 猶掇之
也 吾處身也 若橛株拘 吾執臂也 若槁木之枝 雖天地之大 萬物之多 而唯蜩翼之
知 吾不反不側 不以萬物 易蜩之翼 何爲而不得 孔子 顧謂弟子 曰 用志不分 乃
凝於神 其痀僂丈人之謂乎

—〈達生〉

마음만 흔들리지 않으면 될까요?

안연이 공자에게 말했습니다.

안연 저도 전에 상심이라는 연못을 건넌 적이 있습니다. 그런데 사공의 배 젓는 솜씨가 신기에 가까웠습니다. 제가 배 젓는 걸 배울 수 있느냐고 물었더니, "배울 수 있습니다. 수영을 잘하는 사람은 몇 번만 해보면 배울 수 있습니다. 잠수부는 배를 본 적이 없어도 바로 배를 저을 수 있습니다"라고 하더군요. 제가 왜 그런 거냐고 물었지만 그는 말해주지 않았습니다. 선생님께 여쭤도 되겠습니까? 왜 그런 것입니까?

공자 수영을 잘하는 사람이 몇 번만 해보고 배 젓는 것을 배울 수 있는 것은 그가 물을 잊기 때문이다. 배를 본 적이 없어도 잠수부가 배를 저을 수 있는 것은 그가 연못을 언덕 보듯 하고 배가 뒤집히는 것을 수레가 미끄러지는 것 정도로 보기 때문이다. 뒤집히고 미끄러지는 일들이 눈앞에서 벌어져도 마음이 흔들리지 않는 것이다. 어떤 상황에서도 여유를 잃지 않는 것이다. 기왓장을 걸고 내기 화살을 쏘면 잘 맞는다. 띠쇠를 걸고 내기 화살을 쏘면 잘 맞지 않는다. 황금을 걸고 내기 화살을 쏘면 맞히지 못한다. 솜씨는 마찬 가지겠지. 그런데 그의 마음을 흔드는 게 밖에 있어 신경을 쓰게 만드는 것이다. 밖에 신경을 쓰면 마음을 집중할 수 없 게 된다.

— 〈달생〉

顔淵問仲尼曰 吾嘗濟乎觴深之淵 津人操舟若神 吾問焉曰 操舟 可學邪 曰 可 善
遊者 數能 若乃夫沒人則未嘗見舟而便操之也 吾問焉而不吾告 敢問何謂也
仲尼曰 善游者 數能 忘水也 若乃夫沒人之未嘗見舟而便操之也 彼視淵 若陵 視
舟之覆 猶其車却也 覆却萬方 陳乎前 而不得入其舍 惡往而不暇 以瓦注者巧 以
鉤注者憚 以黃金注者殙 其巧一也 而有所矜 則重外也 凡外重者內拙

— 〈達生〉

삶을 잘 돌보는 것은
양을 치는 일과 같습니다

삶을 잘 돌보는 것은 양을 치는 일과 같습니다. 뒤처진 양을 보면 채찍질하는 것입니다.

— 〈달생〉

善養生者 若牧羊然 視其後者而鞭之

— 〈達生〉

마음만 키우다 호랑이에게
잡아먹힌 사람

　노나라에 고독한 표범, 즉 선표單豹라는 사람이 있었습니다. 그는 바위 굴에 살면서 물만 마시고 사람들과 이익을 다투지 않았습니다. 나이 칠십이 되었어도 얼굴빛이 갓난아이 같았습니다. 그런데 불행히도 굶주린 호랑이를 우연히 만나 호랑이에게 잡아먹혔습니다. …… 뒤처진 것을 채찍질하지 않았던 것입니다.

—〈달생〉

魯有單豹者 巖居而水飮 不與民共利 行年七十而猶有嬰兒之色 不幸 遇餓虎 餓虎
殺而食之……不鞭其後者也

—〈達生〉

밖의 일만 쫓아다니다
열병으로 죽은 사람

장의라는 사람이 있었습니다. 그는 문이 높은 부잣집이
나 문발이 쳐진 보통 집이나 찾아다니지 않은 곳이 없었습
니다. 그런데 나이 사십에 열병이 나 죽고 말았습니다. ……
뒤처진 것을 채찍질하지 않았던 것입니다.

— 〈달생〉

有張毅者 高門縣薄 無不走也 行年 四十而有內熱之病 以死……不鞭其後者也
— 〈達生〉

숨지도, 나대지도 마세요

들어가 숨지 마세요. 그렇다고 나가 나대지도 마세요. 마른 나무처럼 가운데에 서 있으세요.

— 〈달생〉

앞의 18~19번 글과 다음의 21번 글을 함께 읽어보세요.

無入而藏 無出而陽 柴立其中央

— 〈達生〉

마른 나무처럼 가운데에 서 있으세요

기성자가 왕을 위해 싸움닭을 기르고 있었습니다. 열흘이 지나자 왕이 물었습니다.

왕 이제 싸울 수 있겠느냐?
기성자 아직 안 됩니다. 공연히 허세를 부리며 제 기운만 믿고 있습니다.

열흘 후 왕이 다시 물었습니다.

기성자 아직 안 됩니다. 다른 닭의 울음소리를 듣거나 모습만 봐도 그냥 덤벼듭니다.

열흘 후 왕이 또다시 물었습니다.

기성자 아직 안 됩니다. 다른 닭을 노려보며 성을 냅니다.

열흘 후 왕이 또다시 물었습니다.

기성자 이제 된 것 같습니다. 닭 울음소리가 들려도 아무런 변화가 없습니다. 멀리서 보면 나무로 만든 닭 같습니다. 본래 모습德 그대로입니다. 다른 닭들이 감히 대응하지 못하고 달아나 버립니다.

—〈달생〉

홰에 꼼짝 않고 서 있는 싸움닭이 그려지시나요? 이 이야기를 읽고 옛날 사람들은 나무 닭을 만들어 지니고 다니기도 했답니다. 어떻게 살아야 하는가를 생각하면서 말이지요.

紀渻子爲王 養鬪鷄 十日而問 鷄已乎 曰 未也 方虛憍而恃氣 十日又問 曰未也 猶應嚮景 十日又問 曰未也 猶疾視而盛氣 十日又問 曰幾矣 鷄雖有鳴者 已無變矣 望之 似木鷄矣 其德全矣 異鷄無敢應者 反走矣

—〈達生〉

159

어떻게 살아야 합니까?(1)

어떻게 살아야 하느냐고요? 세상일과 마음을 하나로 감싸 안아 둘 다 잃지 않을 수 있습니까? 길흉을 알아보겠다고 점을 치지 않을 수 있습니까? 멈출 때 멈출 수 있습니까? 그칠 때 그칠 수 있습니까? 남 탓하지 않고 자신을 돌아볼 수 있습니까? 부드럽고 무심할 수 있습니까? 어린아이가 될 수 있습니까?

어린아이는 하루 종일 울어도 목이 쉬지 않습니다. 얼마나 순수한 조화입니까? 어린아이는 하루 종일 손을 꽉 쥐고 있어도 손이 당기지 않습니다. 본래 모습 그대로 쥐고 있기 때문입니다. 어린아이는 하루 종일 뭘 보고 있어도 눈을 깜빡대지 않습니다. 바깥세상에 더 좋아하는 것이 없기 때문입니다. 자기가 어디에 가고 있는지, 무엇을 하고 있는지 모릅니다. 모든 것을 있는 그대로 받아들이며 무심히 물결치는 대로 함께합니다.

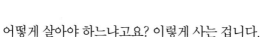

어떻게 살아야 하느냐고요? 이렇게 사는 겁니다.

—〈경상초〉

衛生之經 能抱一乎 能勿失乎 能無卜筮而知吉凶乎 能止乎 能已乎 能舍諸人而求
諸己乎 能翛然乎 能侗然乎 能兒子乎 兒子終日嗥而嗌不嗄 和之至也 終日握而手
不掜 共其德也 終日視而目不瞬 偏不在外也 行不知所之 居不知所爲 與物 委蛇
而同其波 是衛生之經已

—〈庚桑楚〉

161

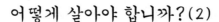

어떻게 살아야 합니까? (2)

순수한 사람은 사람들과 더불어 땅에서 함께 먹고 하늘에
서 함께 즐깁니다. 누구하고도 이해관계로 싸우지 않습니
다. 서로 이상한 행동도 하지 않고 서로 헐뜯지도 않고 서로
일을 꾸미지도 않습니다. 부드럽게 가고 무심하게 옵니다.
어떻게 살아야 하느냐고요? 이렇게 살아야 하는 겁니다.

— 〈경상초〉

夫至人者 相與交食乎地 而交樂乎天 不以人物利害 相攖 不相與爲怪 不相與爲謨
不相與爲事 翛然而往 侗然而來 是謂衛生之經已

— 〈庚桑楚〉

어떻게 살아야 합니까?(3)

잡다한 생각을 버리고 마음이 살아나게 하십시오. 공경하는 마음으로 다른 것들에 다가가십시오. 그러고도 재난을 만나게 된다면 이는 자연재해이지 인재가 아닙니다.

― 〈경상초〉

藏不虞 以生心 敬中 以達彼 若是而萬惡至者 皆天也 而非人也

― 〈庚桑楚〉

삶을 소중히 하면
이익을 가볍게 여기게 됩니다

생명을 소중하게 여기는 사람은 신분이 귀하고 부유해도 더 잘살겠다고 몸을 망치지 않습니다. 가난하고 미천해도 이득을 얻겠다고 몸을 가두지 않습니다.

— 〈양왕〉

能尊生者 雖貴富 不以養傷身 雖貧賤 不以利累形

— 〈讓王〉

진짜 삶이란 자연의 결대로
사는 것입니다

포정이 문혜군을 위해 소를 잡는데……그 소리가 음률이 맞고 무곡에 맞추어 춤추듯 박자가 맞으니 문혜군이 감탄합니다.

문혜군 아하! 훌륭하도다. 기술이 어찌 이럴 수 있는가?

포정이 칼을 내려놓고 대답했습니다.

포정 제가 귀히 여기는 것은 자연스러운 길道입니다. 기술을 넘어선 것입니다. …… 마음神으로 대할 뿐 눈으로 보지 않습니다. 감각으로 아는 것을 멈추고 마음이 가는 대로 움직입니다. 자연의 결天理에 따라 큰 틈새에 칼을 밀어 넣고 큰 구멍에서 칼을 움직입니다. 본래 그런 것에 따를 뿐입니다. 그래서 경락이나 힘줄이 뭉쳐 있는 긍경도 베어본 적이 없습니다. …… 뼈마디에는 틈이 있고 이 칼날에는 두께가 없습니다. 두께가 없는 칼날이 틈이 있는 뼈마디에 들어가니 칼날이 마음껏 놀 수 있는 공간이 넓게 펼쳐지는 것입니다. 그래서 십구 년이나 된 칼날인데도 이제 막 숫돌에 간 것 같습니다. 그렇지만 '뼈와 근육이 엉겨 모여 있는 곳族'에 이를 때면 저도 다루기 어려움을 압니다. 조심하면서 시선을 집중하고 손놀림을 더디게 합니다. 칼을 아주 조금씩 움직이면 흙덩이가 땅에 떨어지듯이 훅 하고 뼈와 살이 떨어져 나갑니다. 칼을 들고 일어나 사방을 돌아보고 머뭇거리다 제정신이 돌아오면 칼을 잘 닦고 갈무리를 합니다.

문혜군 훌륭하도다. 내 포정의 말을 듣고 '삶을 돌보는 길'을 알았노라.

— 〈양생주〉

庖丁爲文惠君解牛……莫不中音 合於桑林之舞 乃中經首之會 文惠君曰 譆 善哉 技蓋至此乎 庖丁釋刀對曰 臣之所好者道也 進乎技矣……臣以神遇 而不以目視 官知止而神欲行 依乎天理 批大郤 導大窾 因其固然 技經肯綮之未嘗……彼節者 有間 而刀刃者無厚 以無厚入有間 恢恢乎其於遊刃必有餘地矣 是以十九年而刀 刃若新發於硎 雖然 每至於族 吾見其難爲 怵然爲戒 視爲止 行爲遲 動刀甚微 謋 然已解 如土委地 提刀而立 爲之四顧 爲之躊躇滿志 善刀而藏之 文惠君曰 善哉 吾聞庖丁之言 得養生焉

— 〈養生主〉

귀신이 만든 것 같다는 이유

목수 재경이 나무를 깎아 종 거는 가대를 만들었습니다. 가대가 완성되자 그것을 본 사람들이 귀신같은 솜씨라며 놀랐습니다. 노나라 임금이 그것을 보고 물었습니다.

노나라 임금 그대는 어떤 비법術으로 만든 것인가?

재경 신은 목수일 뿐입니다. 무슨 비법이 있겠습니까? 그러나 한 가지 있기는 합니다. 신은 가대를 만들고자 할 때 기운을 소모한 적이 없습니다. 반드시 재계하여 마음을 깨끗이 합니다. 삼 일간 재계하면 상을 받는다거나 벼슬을 얻는다는 생각을 품지 않게 됩니다. 오 일간 재계하면 세상의 비난과 칭찬, 또는 잘 만들어질까 하는 걱정에 매이지 않게 됩니다. 칠 일간 재계하면 문득 내게 팔다리와 몸뚱이가 있다는 것조차 잊게 됩니다. 이쯤 되면 공적인 일이나 조정에 대한 관심이 없어집니다. 내 기술에만 집중할 수 있고 그 밖

의 관심은 모두 사라집니다. 그다음에 산 숲으로 들어가 본
래 성질이나 생김새가 가장 좋은 나무를 찾습니다. 그다음
에 완성된 가대의 모습을 마음으로 그려본 후 나무에 손을
대기 시작합니다. 그렇지 않으면 손대지 않습니다. 이렇게
해서 '자연과 자연이 만나게 됩니다以天合天'. 제가 만든 것이
귀신이 만든 것 같다고 하는 이유가 여기 있는 것 같습니다.

— 〈달생〉

梓慶削木爲鐻 鐻成 見者驚猶鬼神 魯侯 見而問焉曰 子何術以爲焉 對曰 臣工人
何術之有 雖然 有一焉 臣將爲鐻 未嘗敢以耗氣也 必齊以靜心 齊三日而不敢懷慶
賞爵祿 齊五日 不敢懷非譽巧拙 齊七日 輒然忘吾有四枝形體也 當是時也 無公朝
其巧 專而外滑消 然後入山林 觀天性 形軀至矣 然後 成見鐻 然後 加手焉 不然
則已 則以天合天 器之所以疑神者 其是與

— 〈達生〉

오는 것 막지 않고
가는 것 잡지 않았습니다

북궁사가 위령공을 위해 세금을 거두어 종을 만들었습니다. 성곽문 밖에 토단을 만든 지 세 달 만에 종을 완성해 위아래 두 단에 걸어놓았습니다. 왕자가 이를 보고 물었습니다.

왕자 어떻게 하신 겁니까?

북궁사 하나가 되어 했습니다. 일부러 애써 한 것은 없습니다. '깎고 쪼아서 버린 후 통나무의 소박함으로 돌아가라'라는 말을 들었습니다. 순박해서 아무것도 모른 채 무심하니 아무 생각 없이 모이면 모이는 대로, 가면 가는 대로, 가면 보내고 오면 맞이하고, 오는 것 막지 않고 가는 것 잡지 않았습니다. 사나우면 사나운 대로, 따르면 따르는 대로, 저절로 되는 대로 따랐습니다. 그랬더니 아침저녁으로 세금을 거두어도 조금도 싫어하지 않았습니다. 큰 길을 따르는 사람은 이보다 더하겠지요.

—〈산목〉

北宮奢爲衛靈公 賦斂以爲鐘 爲壇乎郭門之外 三月而成 上下之縣 王子慶忌 見而
問焉曰 子何術之設 奢曰 一之間 無敢設也 奢聞之 旣彫旣琢 復歸於朴 侗乎其無
識 儻乎其怠疑 萃乎芒乎 其送往而迎來 來者 勿禁 往者 勿止 從其强梁 隨其曲
傳 因其自窮 故朝夕 賦斂而毫毛不挫 而況有大塗者乎

—〈山木〉

꾸미지 않으면
모든 것이 저절로 됩니다

구름 장군 '운장雲將'이 동쪽을 여행하다가 자연의 흐름 '홍몽鴻濛'을 우연히 만났습니다. 홍몽은 아이처럼 허벅지를 두드리며 껑충껑충 뛰어놀고 있었습니다. 운장이 홍몽에게 가르침을 청하지만 노는 데 바쁜 홍몽은 모른다는 대답만 합니다. 삼 년 후 홍몽을 우연히 다시 만난 운장이 다시 가르침을 간곡히 청하자 홍몽이 말합니다.

홍몽 아! 마음을 키우세요. 꾸미지 않으면 모든 것이 저절로 된답니다. 그대의 몸을 잊고 그대의 귀와 눈을 버리세요. 세상 사람들과 모든 것을 잊으세요. 그리고 자연의 길과 하나가 되세요. 마음을 비우고 정신을 놓고 아무것도 생각하지 마세요. 모든 것은 저절로 각자의 뿌리로 돌아가게 되어 있습니다. 왜 각자의 뿌리로 돌아가는지 알려고 하지 마세요. 알 수 없는 혼돈과 평생 하나가 되세요. 무언가 알았다

해도 바로 버리세요. 그 이름을 묻지 마세요. 그 모습을 엿
보지도 마세요. 모든 것은 저절로 생겨나게 마련입니다.

  운장 하늘 같으신 분이 저에게 본래 모습을 보여주시고 침
묵을 가르쳐주셨습니다. 여태껏 찾던 것을 이제야 얻었습
니다.

—〈재유〉

鴻濛曰 意 心養 汝徒處無爲 而物自化 墮爾 形體 吐爾 聰明 倫與物忘 大同乎涬
溟 解心釋神 莫然無魂 萬物 云云 各得其根 各得其根而不知 渾渾沌沌 終身不離
若彼知之 乃是離之 無問其名 無闚其情 物固自生 雲將曰 天降朕以德 示朕以黙
躬身求之 乃今也得

—〈在宥〉

억지로 바꾸려 하면
비극이 생깁니다

약이란 게 사실 쏨바귀, 도라지, 가시연, 저령 이런 것들입니다. 이런 것들이 때에 따라 주요 약재가 되는 것입니다. 어느 것을 딱히 약이라고 말할 수 있겠습니까? 월나라 왕 구천이 오나라 부차에게 패하고는 군사 삼천을 끌고 멀리 회계산에 들어가 살았습니다. 이때 대부인 종種만은 거의 망한 월나라가 다시 살아나리라는 것을 알고 있었습니다. 그걸 안 사람이, 월나라가 다시 일어나게 되면 자신은 왕 구천에게 죽게 되리라는 것은 몰랐습니다.

올빼미에게는 그만의 재능이 있고 학의 다리에도 그만의 알맞은 정도가 있는 것입니다. 그런 것을 억지로 바꾸려 하니 비극이 생기는 것입니다.

― 〈서무귀〉

藥也其實菫也 桔梗也 鷄雍也 豕零也 時時爲帝者也 何可勝言 句踐也 以甲楯三千 棲於會稽 唯種也能知亡之所以存 唯也不知其身之所以愁 故曰 鴟目有所適 鶴脛有所節 解之也悲

—〈徐无鬼〉

억지로 하면
걱정거리만 보태게 됩니다

갈 수 없는 것을 알면서 억지로 가려 하는 것은 한 번 더 길을 잃는 일입니다. 차라리 그냥 두고 억지로 가지 않는 것이 더 나을 것입니다. 억지로 가지 않으면 누가 걱정거리를 하나 더하겠습니까?

— 〈천지〉

知其不可得也而强之 又一惑也 故 莫若釋之而不推 不推 誰其比憂

— 〈天地〉

물길 따라 갈 뿐
내 마음대로 가지 않습니다

공자가 여량에서 큰 폭포를 구경하고 있었습니다. 떨어지는 물줄기가 삼십 길이나 되고 빠른 물살이 사십 리나 흐르고 있었습니다. 물고기나 자라도 헤엄칠 수 없는 곳이었습니다. 그런데 한 사나이가 거기서 헤엄을 치고 있었습니다. 공자는 뭔가 괴로움이 있어 죽으려 하는 줄 알고 제자들에게 물길을 따라가 그를 건져주라고 했습니다. 몇백 걸음을 따라가 보니, 그 사나이는 둑 아래에서 머리를 풀어 헤친 채 노래하며 거닐고 있었습니다. 공자가 그를 따라가 물었습니다.

공자 난 그대가 귀신인 줄 알았습니다. 살펴보니 사람이군요. 한데 그렇게 수영을 잘하는 비결道이 있습니까?

사나이 없습니다. 제게 무슨 비결이 있겠습니까? 저는 '오랜 인연故'으로 시작해서 '타고난 본성性'에 따라 자랐고 '운명命'으로 이루었습니다. 소용돌이를 따라 들어갔다 물결 따라 위로 올라옵니다. 물길을 따라갈 뿐 내 마음대로 가지 않습니다. 저는 이렇게 수영합니다.

공자 그런데 오랜 인연으로 시작해서 타고난 본성에 따라 자랐고 운명으로 이루었다는 게 무슨 말입니까?

사나이 제가 이 언덕에서 태어나 이 언덕을 편안해하는 것은 오랜 인연입니다. 물에서 자라 물을 편안해하는 것은 타고난 본성입니다. 제가 왜 이런지 모르면서 이러는 것은 운명입니다.

—〈달생〉

孔子 觀於呂梁 縣水 三十仞 流末四十里 黿鼉魚鱉之所不能游也 見一丈夫 游之 以爲有苦而欲死也 使弟子 竝流而拯之 數百步而出 被髮行歌而游於塘下 孔子 從 而問焉 曰 吾以子爲鬼 察之則人也 請問 蹈水 有道乎 曰亡 吾無道 吾始乎故 長 乎性 成乎命 與齊俱入 與汨皆出 從水之道而不爲私焉 此吾所以蹈之也 孔子曰 何謂始乎故 長乎性 成乎命 曰 吾生於陵而安於陵 故也 長於水而安於水性也 不 知吾所以然而然 命也

—〈達生〉

177

운명

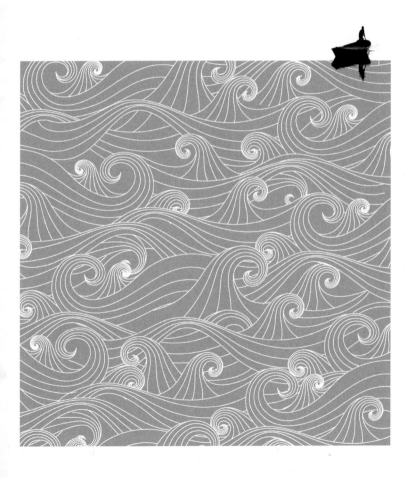

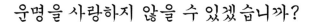
운명을 사랑하지 않을 수 있겠습니까?

죽고 사는 것은 운명命입니다. 밤과 아침이 변함없이 이어지는 것은 자연이 하는 일입니다. 죽고 사는 것은 사람이 어쩔 수 없는 일, 모든 것들의 참모습입니다. 사람들은 자연도 부모처럼 생각해서 자신보다 자연을 더 사랑합니다. 그런데 하물며 자연보다 더한 운명을 사랑하지 않을 수 있겠습니까? 사람들은 임금도 자신보다 낫다고 생각해서 임금을 위해 목숨을 바칩니다. 그런데 임금보다 참된 운명을 따르지 않을 수 있겠습니까?

—〈대종사〉

死生命也 其有夜旦之常 天也 人之有所不得與 皆物之情也 彼特以天爲父 而身猶
愛之 而況其卓乎 人特以有君爲愈乎己 而身猶死之 而況其眞乎

—〈大宗師〉

삶에 집착했던 것을
후회하지는 않을까요?

삶을 좋아하는 것이 무언가에 홀린 것은 아닐까요? 죽음을 싫어하는 것이 어려서 고향을 떠나와 돌아갈 줄 모르는 것은 아닐까요? 여희는 애艾라는 땅 변경지기의 딸이었습니다. 진晉나라로 잡혀 올 때 눈물로 옷깃을 적시며 울었답니다. 그러다가 왕의 처소에 들어 왕과 잠자리를 같이하고 맛있는 고기를 먹게 되자 울었던 것을 후회했답니다. 죽은 사람들도 삶에 집착했던 것을 후회하지는 않을까요?

—〈제물론〉

予惡乎知說生之非惑邪 予惡乎知惡死之非弱喪而不知歸者邪 麗之姬艾封人之子
也 晉國之始得之也 涕泣沾襟 及其至於王所 與王同筐牀 食芻豢 而後悔其泣也
予惡乎知夫死者不悔其始之蘄生乎

—〈齊物論〉

누가 죽음과 삶이
하나라는 것을 알까요?

옛사람들의 앎은 순수했습니다. 어느 정도로 순수했을까요?

그들은 아무것도 없다는 것을 생각했습니다. 지극히 순수한 생각이라 아무것도 더 보탤 게 없습니다. 그다음은 무언가 있다는 것을 생각했습니다. 태어나는 것을 잃어버리는 것이라고 생각하고 죽는 것을 돌아가는 것이라고 생각했습니다. 이렇게 해서 삶과 죽음을 나누기는 했습니다. 그다음엔 처음에는 아무것도 없다가 삶이 있게 되고 삶이 다하면 죽게 된다고 말했습니다. 아무것도 없는 것을 머리라고 생각하고 삶을 몸통이라고 생각하고 죽음을 꽁무니라고 생각했습니다.

누가 있음과 없음, 죽음과 삶이 하나라는 것을 알까요? 나는 그와 벗하고 싶습니다.

— 〈경상초〉

古之人 其知有所至矣 惡乎至 有以爲未始有物者 至矣盡矣 弗可以加矣 其次 以爲有物矣 將以生 爲喪也 以死 爲反也 是以分已 其次 曰 始無有 旣而有生 生俄而死 以無有爲首 以生爲體 以死爲尻 孰知有無死生之一守者 吾與之爲友

—〈庚桑楚〉

삶과 죽음

삶은 죽음과 함께 있고 죽음은 삶의 시작입니다. …… 사람이 태어나는 것은 흐름氣이 모이는 것입니다. 흐름이 모이면 삶이 되고 흩어지면 죽음이 됩니다. 죽음과 삶이 함께하는 것인데 우리가 걱정할 게 뭐가 있겠습니까? 모든 것이 하나입니다. 우리는 어떤 것은 신기해서 아름답다고 하면서 또 어떤 것은 냄새나고 썩었다고 싫어합니다. 냄새나고 썩은 것이 신기한 것이 되고, 신기한 것이 다시 냄새를 풍기며 썩어갑니다. 그래서 '하나의 흐름一氣', 이것을 세상이라고 합니다.

— 〈지북유〉

生也 死之徒 死也 生之始…… 人之生 氣之聚也 聚則爲生 散則爲死 若死生爲徒
吾又何患 故 萬物一也 是其所美者 爲神奇 其所惡者 爲臭腐 臭腐 復化爲神奇
神奇復化爲臭腐 故曰 通天下 一氣耳

— 〈知北遊〉

아지랑이며 티끌은
생명들이 뿜어주는 숨입니다

아지랑이며 티끌은 살아 있는 생명들이 서로 숨을 뿜어주는 것이었구나.

— 〈소요유〉

野馬也 塵埃也 生物之以息相吹也

— 〈逍遙遊〉

삶이란 잠시 머물다 돌아가는 것입니다

천지 사이에 머물면서 잠시 사람이 되었다가 다시 돌아가는 것입니다. 본래 삶이란 흐름이 잠깐 모인 것입니다. 장수하든 요절하든 뭐 그리 다르겠습니까? 다 한순간입니다. …… 사람이 태어나 천지간에 산다는 것이 마치 벽 틈새로 달리는 준마를 보는 것 같습니다. 순식간에 휙 지나가 버립니다. 줄줄이 삶으로 뛰어나왔다가 죽음으로 휙 흘러가 버립니다.

—〈지북유〉

處於天地之間 直且爲人 將反於宗 自本觀之 生者 暗醷物也 雖有壽夭 相去幾何 須臾之設也…… 人生天地之間 若白駒之過郤 忽然而已 注然勃然 莫不出焉 油然 漻然 莫不入焉

—〈知北遊〉

당신의 몸도 자연이 빌려준 것입니다

자연이 몸을 빌려준 것입니다. 삶은 당신의 것이 아닙니다. 자연이 화목하라고 빌려준 것입니다. 타고난 '성품과 운명性命'은 당신의 것이 아닙니다. 자연이 따르라고 빌려준 것입니다. 자손은 당신의 것이 아닙니다. 자연이 허물을 벗고 다시 태어나라고 빌려준 것입니다. …… 태양빛이 힘차게 흐르고 있습니다. 어떻게 빌린 것을 가질 수 있겠습니까?

— 〈지북유〉

是天地之委形也 生非汝 有是天地之委和也 性命 非汝有 是天地之委順也 孫子 非汝有 是天地之委蛻也……天地之强陽氣也 又胡可得而有邪

— 〈知北遊〉

죽음은 거꾸로 매달렸다가 풀려나는 것입니다

이 세상에 태어난 것도 때를 만났기 때문이요, 세상을 떠나는 것도 때를 따르는 것입니다. 때를 편안히 받아들이고 그대로 따른다면 슬픔이나 기쁨이 끼어들 수 없을 것입니다. 옛날엔 이것을 가리켜 '거꾸로 매달렸다가 풀려나는 것帝之懸解'이라고 했습니다. 땔나무가 다 타버려도 불은 다른 나무로 전해져 꺼질 줄 모른다는 말이지요.

— 〈양생주〉

適來 夫子時也 適去 夫子順也 安時而處順 哀樂不能入也 古者謂是帝之懸解 指
窮於爲薪 火傳也 不知其盡也

— 〈養生主〉

죽음이란 자연으로
돌아가는 것입니다

죽음이란 하늘이 빌려준 활주머니에서 풀려나는 것이고 하늘이 빌려준 칼집에서 떨어져 나오는 것입니다. 이리저리 흩어지고 바뀌면서 혼백이 돌아가면 몸도 따라갑니다. '자연으로 돌아가는 것大歸'입니다.

— 〈지북유〉

死······解其天弢 墜其天袠 紛乎宛乎 魂魄將往 乃身從之 乃大歸乎

— 〈知北遊〉

즐거운 죽음의 세계

장자가 초나라로 가는 길에 해골을 보았습니다. 바짝 마른 채 모양만 남아 있었습니다.

장자가 말채찍으로 해골을 치면서 물었습니다. "그대는 살려고 하다가 도리를 잃어 이 꼴이 되었는가? 아니면 나라가 망해 처형되어 이 지경이 되었는가? 아니면 좋지 못한 행실로 부모와 처자에게 치욕을 남기게 되어 자살한 것인가? 춥고 굶주려 죽은 것인가? 늙어 죽은 것인가?" 이렇게 말하고는 해골을 끌어다 베고 누웠습니다.

한밤중에 해골이 꿈에 나타나 장자에게 말을 걸었습니다. "그대가 말하는 것이 꼭 변사辯士 같구려. 한데 그대의 말을 들어보니 모두 살아 있는 사람들의 걱정이더이다. 죽고 나면 그런 걱정이 없소이다. 그대! 죽음에 대해 들어보겠소? 죽으면 위에 군주도 없고 아래에 신하도 없소이다. 사철 변화도 없소이다. 자연스레 천지를 봄가을로 삼으니 제왕의 즐거움이 이만하겠소?"

장자는 믿을 수 없어 이렇게 물었습니다. "내가 생명을 관장하는 신에게 부탁해 그대의 몸을 살아나게 하고 뼈와 살과 피부를 만들어달라 해 그대를 부모, 처자와 고향 친지들에게로 돌아가게 해준다면 돌아가겠소?"

해골이 눈살을 찌푸리며 대답했습니다. "내가 왜 제왕의 즐거움을 버리고 다시 고달픈 인간 세상으로 돌아가겠소이까?"

— 〈추수〉

莊子之楚 見空髑髏髐然有形 撽以馬捶 因而問之曰 夫子貪生失理而爲此乎 將子有亡國之事 斧鉞之誅而爲此乎 將子有不善之行 愧遺父母妻子之醜而爲此乎 將子有凍餒之患而爲此乎 將子之春秋故及此乎 於是 語卒 援髑髏 枕而臥 夜半 髑髏見夢 曰 子之談者 似辯士 視子所言 皆生人之累也 死則無此矣 子欲聞死之說乎 莊子曰 然 髑髏曰 死 無君於上 無臣於下 亦無四時之事 從然以天地 爲春秋 雖南面王樂 不能過也 莊子不信 曰 吾使司命 復生子形 爲子骨肉肌膚 反子父母妻子閭里知識 子欲之乎 髑髏深矉蹙頞 曰 吾安能棄南面王樂 而復爲人間之勞乎

— 〈秋水〉

모든 것이 기機에서 나와
다시 기로 돌아갑니다

열자가 여행하다 길가에서 백 년 묵은 해골을 발견하고는 쑥대를 뽑아 그것을 가리키며 말합니다.

"그대가 죽어버린 것도 아니고 아직 살아 있는 것도 아니란 걸 그대와 나만은 알고 있습니다. 그대는 죽어서 정말 슬픈가요? 내가 지금 살아 있다는 게 정말 기쁜 일일까요? 씨에는 '신비한 생명의 힘', 즉 '기幾'가 있습니다. 씨가 물속에서는 계繼라는 수초로 자라고 물가에서는 와빈지의蛙蠙之衣라는 갈파래가 됩니다. 언덕에서는 능석陵舃이라는 질경이가 되고 질경이는 거름 더미에서 오족烏足이라는 독초가 됩니다. 오족의 뿌리는 제조蠐螬라는 나무굼벵이가 되고 그잎은 나비가 됩니다. 얼마 지나지 않아 나비는 부뚜막에 사는 벌레로 변합니다. 껍질을 벗은 모양인데 구철鴝掇이라는 귀뚜라미입니다. 천 일이 지나면 구철이 새가 됩니다. 그 새는 간여골乾與骨이라는 비둘기입니다. 간여골의 침이 사미

斯彌라는 쌀벌레가 되고 쌀벌레는 식혜食醯라는 눈에놀이가 됩니다. 눈에놀이에서 이로頤輅라는 벌레가 생기고 구유九猷라는 벌레에서 황황黃軦이라는 벌레가 생기고 부관腐蠸이라는 벌레에서 무예瞀芮라는 벌레가 생깁니다. 양해羊奚라는 풀은 죽순이 되고 해묵은 대나무는 청령靑寧이라는 벌레를 낳고 청령은 정程이라는 동물을 낳고 정은 말을 낳고 말은 사람을 낳습니다. 사람은 다시 기機로 돌아갑니다. 모든 것이 기에서 나와 다시 기로 돌아가는 것입니다."

— 〈지락〉

列子行食於道 從見百歲髑髏 攓蓬而指之 曰 唯予與汝知 而未嘗死 未嘗生也 若果養乎 予果歡乎 種有幾 得水則爲繼 得水土之際則爲䵷蠙之衣 生於陵屯則爲陵舄 陵舄得鬱棲則爲烏足 烏足之根 爲蠐螬 其葉爲胡蝶 胡蝶 胥也 化而爲蟲 生於竈下 其狀若脫 其名爲鴝掇 鴝掇千日爲鳥 其名爲乾餘骨 乾餘骨之沫 爲斯彌 斯彌爲食醯 頤輅生乎食醯 黃軦生乎九猷 瞀芮生乎腐蠸 羊奚比乎不箰 久竹生靑寧 靑寧生程 程生馬 馬生人 人又反入於機 萬物皆出於機 皆入於機

— 〈至樂〉

장자의 죽음

  장자가 죽음을 맞이할 때였습니다. 제자들이 장례를 성대
하게 치르고 싶어 했습니다.

  장자 하늘과 땅이 나의 관과 곽이 되어줄 것이다. 해와 달
이 한 쌍의 옥이 되어줄 것이다. 하늘에 떠 있는 별들이 둥
근 옥, 반듯한 옥이 되어주겠지. 그리고 모든 것이 저승길
선물이 되어주겠지. 이러면 내 장례 도구는 이미 다 갖추어
진 것이 아니더냐? 뭘 더하겠다는 것이냐?

  제자들 저희는 까마귀와 솔개가 선생님의 시신을 파먹을
까 염려됩니다.

  장자 위에서는 까마귀와 솔개의 먹이가 될 테고 아래에서
는 땅강아지와 개미의 먹이가 될 테지. 저기서 빼앗아 여기
에 주는 것이구나.

— 〈열어구〉

莊子將死 弟子欲厚葬之 莊子曰 吾以天地爲棺槨 以日月爲連璧 星辰爲珠璣 萬物爲齎送 吾葬具豈不備邪 何以加此 弟子曰 吾恐烏鳶之食夫子也 莊子曰 在上爲烏鳶食 在下爲螻蟻食 奪彼與此

—〈列御寇〉

13

삶이란 잠시 빌려 사는 것

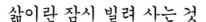

천진한 옛사람들은 삶을 좋아할 줄도 모르고 죽음을 싫어할 줄도 몰랐습니다. 태어남을 기뻐하지도 않았고 그렇다고 죽음을 거부하지도 않았습니다. 삶으로 홀연히 갔다가 죽음으로 홀연히 돌아올 뿐이었습니다. …… 삶을 받아 기쁘게 살고 삶이 끝나면 돌아갔습니다.

— 〈대종사〉

古之眞人 不知說生 不知惡死 其出不訢 其入不距 脩然而往 脩然而來而已矣……

受而喜之 忘而復之

— 〈大宗師〉

태어나는 것도 좋고
죽는 것도 좋습니다

대지는 나에게 몸을 싣게 해줍니다. 삶을 주어 힘쓰게 합니다. 늙음을 주어 편안하게 합니다. 죽음을 주어 쉬게 합니다. 나는 삶이 좋으니 죽음도 좋습니다.

배를 산골짜기에 감추고 그물을 연못에 감추고는 안전하다고 말합니다. 그러나 한밤중에 힘센 자가 지고 달아나 버립니다. 어리석은 자는 모릅니다. 작은 것을 큰 것에 감추면 되는 줄 알지만 그래도 도둑이 훔쳐 갈 수 있습니다. 그러나 세상을 세상에 감춘다면 훔쳐 갈 수 없습니다. ……

그런데 사람들은 사람의 몸을 훔쳐 세상에 태어난 것만 기뻐합니다. 그러나 우리 몸은 끝없이 달라지고 있습니다. 그 즐거움을 헤아릴 수 없습니다. 훌륭한 사람은 누구도 훔쳐 갈 수 없는 곳, 모두가 그대로 존재하는 곳에서 노닙니다. 그래서 일찍 죽어도 좋고 늙어 죽어도 좋다고 합니다. 태어나는 것도 좋고 죽는 것도 좋다고 합니다.   ─〈대종사〉

大塊載我以形 勞我以生 佚我以老 息我以死 故善吾生者 乃所以善吾死也 夫藏舟
於壑 藏山於澤 謂之固矣 然而夜半有力者負之而走 昧者不知也 藏小大有宜 猶有
所遯 若夫藏天下於天下而不得所遯……特犯人之形而猶喜之 若人之形者 萬化而
未始有極也 其爲樂可勝計邪 故聖人將遊於物之所不得遯而皆存 善夭善老 善始
善終

─〈大宗師〉

아내의 주검 앞에서 노래하는 장자

장자의 아내가 죽어 혜자가 문상을 갔는데, 장자는 다리를 뻗고 앉아 동이를 두드리며 노래를 부르고 있었습니다.

혜자 자식을 키우며 늙도록 함께 살아온 아내가 죽었건만 곡을 하지 않는 것은 그렇다 치더라도 동이를 두드리며 노래를 부르다니 너무 심하지 않습니까?

장자 아니요, 그렇지 않습니다. 아내가 죽었을 때 나라고 왜 슬프지 않았겠습니까? 그런데 삶의 처음을 생각해보니 본래 삶이란 게 없었더군요. 삶이 없었을 뿐 아니라 본래 형체도 없었고, 형체가 없었을 뿐 아니라 본래 '흐름氣'도 없었겠지요. 황홀한 가운데 섞여 변해서 흐름이 생기고 흐름이 변해서 형체가 생기고 형체가 변해서 삶이 생겼다가 이제 다시 변해서 죽음으로 가는 것이더군요. 봄, 여름, 가을, 겨울 사계절이 바뀌는 것처럼 말입니다. 내 아내는 지금 큰

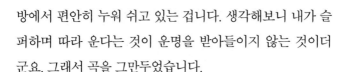

방에서 편안히 누워 쉬고 있는 겁니다. 생각해보니 내가 슬
퍼하며 따라 운다는 것이 운명을 받아들이지 않는 것이더
군요. 그래서 곡을 그만두었습니다.

—〈지락〉

莊子 妻死 惠子弔之 莊子則方箕踞 鼓盆而歌 惠子曰 與人居 長子 老身 死不哭
亦足矣 又鼓盆而歌 不亦甚乎 莊子曰 不然 是其始死也 我 獨何能無槪然 察其始
而本無生 非徒無生也 而本無形 非徒無形也 而本無氣 雜乎芒芴之間 變而有氣
氣變而有形 形變而有生 今又變而之死 是相與爲春秋冬夏 四時行也 人且偃然寢
於巨室 而我噭噭然隨而哭之 自以爲不通乎命 故止也

—〈至樂〉

201

우리네 삶은 큰 꿈이었습니다

꿈에서 술을 마시며 즐기던 사람이 아침이 되면 슬피 울기도 합니다. 그리고 꿈에서 슬피 울던 사람이 아침이 되면 사냥하러 나가기도 합니다. 꿈을 꿀 때는 그것이 꿈인 줄 모르고 꿈속에서 그 꿈을 해몽하기도 하지 않습니까? 깨고 나서야 그것이 꿈이었음을 알게 되지요. 마찬가지로 크게 깨달아야 우리네 삶이 큰 꿈이었음을 알게 됩니다. 그런데도 어리석은 사람은 자신이 깨어 있는 줄 압니다. 그래서 똑똑한 척, 아는 척하며 '임금이시여', '하인들아' 합니다.

— 〈제물론〉

夢飮酒者 旦而哭泣 夢哭泣者 旦而田獵 方其夢也 不知其夢也 夢之中又占其夢焉 覺而後知其夢也 且有大覺而後知此其大夢也 而愚者自以爲覺 竊竊然知之 君乎 牧乎

— 〈齊物論〉

차라리 건어물전에 가서
저를 찾으시지요

장자는 가난했습니다. 그래서 감하후에게 곡식을 빌리러 갔습니다.

감하후 좋습니다. 제가 세금을 거두면 그때 삼백 금을 빌려 드리겠습니다. 그러면 되겠습니까?

장자는 화가 나서 얼굴색이 달라졌습니다.

장자 제가 어제 여기 오는 길이었습니다. 도중에 누군가 부르는 소리가 났습니다. 돌아보니 수레바퀴 자국 안에 붕어가 한 마리 있었습니다. 그래 제가 물었습니다. "그래 붕어야, 왜 불렀느냐?" 붕어가 말했습니다. "저는 동해 바다에서 온 파도 신하波臣입니다. 물 한 바가지만 주시면 제가 살 수 있을 것입니다." 제가 말했습니다. "그래 좋다. 내가 남쪽의 오나라, 월나라 왕들을 만나러 가려 한다. 내 가서 서쪽으로 흐르는 물을 거꾸로 흐르게 해 너를 맞게 하겠다. 그러면 되겠느냐?" 그러자 붕어가 화가 나서 얼굴색이 달라졌습니다. "나는 항상 함께했던 물을 잃었습니다. 내가 있을 곳이 없습니다. 한 바가지 물이면 살 수 있습니다. 그런데 그대가 그렇게 말씀하시니 차라리 건어물전에 가서 저를 찾으시는 게 나을 것 같습니다."

―〈외물〉

장자는 위태로운 세상에 살면서 출세하는 것을 영예로 생각하지 않았고 가난하게 사는 것을 부끄러워하지 않았습니다. 가난을 운명으로 받아들이고 나름대로 만족하며 살았습니다. "뱁새는 깊은 숲 속에서도 둥지를 트는 데 쓸 가지 하나만 있으면 그만이고, 두더지는 황하에서도 자기 배를 채울 물만 마시면 그만"(〈소요유〉)인 것입니다.

莊周家貧 故往貸粟於監河侯 監河侯曰 諾 我將得邑金 將貸子三百金 可乎 莊周
忿然作色 曰 周昨來 有中道而呼者 周顧視 車轍中 有鮒魚焉 周問之曰 鮒魚來
子 何爲者邪 對曰 我 東海之波臣也 君 豈有斗升之水而活我哉 周曰 諾 我且南
遊吳越之王 激西江之水而迎子 可乎 鮒魚忿然作色 曰 吾失我 常與 我無所處 吾
得斗升之水 然活耳 君乃言此 曾不如早索我於枯魚之肆
— 〈外物〉

가난의 이유

장자가 누덕누덕 기운 헐렁한 베옷을 입고 삼줄로 이리저리 묶은 신발을 신고서 위나라 왕을 찾아갔습니다.

위나라 왕 선생은 어찌 이렇게 고달프게 사십니까?

장자 가난한 것이지 고달픈 것이 아닙니다. 선비가 '본래 모습德'으로 '자연스러운 길道'을 가지 못하는 것이 고달픈 것입니다. 옷이 해지고 신발이 터진 것은 가난한 것이지 고달픈 것이 아닙니다. 말하자면 때를 만나지 못한 것뿐입니다. 왕께선 나무를 타고 다니는 원숭이를 본 적이 없으십니까? 원숭이가 단단한 녹나무나 가래나무를 탈 때는 가지를 붙잡고 나무들 사이를 다니며 의기양양합니다. 예나 봉몽 같은 화살의 명수라도 그 원숭이를 겨냥할 수 없을 것입니다. 그러나 원숭이가 산뽕나무나 대추나무, 탱자나무, 호깨나무 같은 약한 나무를 탈 때는 나무들 사이를 위태롭게 건

너고 이리저리 둘러보며 흔들릴 때마다 무서워합니다. 근
골이 긴장해서 그런 것이 아닙니다. 있는 곳이 불편해서 그
능력을 충분히 발휘할 수 없기 때문입니다. 지금같이 어리
석은 군주와 어지러운 재상 사이에 있으면서 고달프지 않
기를 바라는 게 어찌 가능하겠습니까?

— 〈산목〉

莊子衣大布而補之 以麻係履 而過魏王 魏王曰 何先生之憊邪 莊子曰 貧也 非憊
也 士有道德不能行 憊也 衣弊履穿 貧也 非憊也 此所謂非遭時也 王 獨不見夫騰
猿乎 其得枏梓豫章也 攬蔓其枝 而王長其間 雖羿蓬蒙 不能眄睨也 及其得柘棘枳
枸之間也 危行側視 振動悼慄 此 筋骨 非有加急而不柔也 處勢不便 未足以逞其
能也 今處昏上亂相之間 而欲無憊 奚可得邪

— 〈山木〉

가난도 운명이겠지

자여와 자상은 벗이었습니다. 장맛비가 열흘 계속 내렸습니다.

자여 자상이 아마도 병이 들었을 거야.

자여는 먹을 것을 싸가지고 그를 찾아갔습니다. 자상의 집 앞에 이르자 노랫소리 같기도 하고 울음소리 같기도 한 거문고 소리가 들려옵니다.

자상의 노래 아버님이실까? 어머님이실까? 자연일까? 사람일까?

힘겨운 소리에 가사도 대충 주워섬기고 있었습니다. 자여가 들어가 물었습니다.

자여 자네의 노래가 어찌 이런가?

자상 나를 이 지경에 이르게 한 것이 무얼까 생각해보았네. 하지만 알 수가 없네. 부모가 내가 이렇게 가난하기를 바라셨겠는가? 하늘은 사심 없이 모든 것을 덮어주고 땅은 사심 없이 모든 것을 실어주는데 말이야. 하늘과 땅이 나만 가난하게 했겠는가? 누가 이렇게 만들었을까? 생각해봐도 알 수가 없네. 그런데도 이 지경에 이르렀으니 운명이겠지.

— 〈대종사〉

子輿與子桑友 而霖雨十日 子輿曰 子桑殆病矣 裹飯而往食之 至子桑之門 則若歌 若哭 鼓琴曰 父邪 母邪 天乎 人乎 有不任其聲而趣擧其詩焉 子輿入 曰 子之歌 詩 何故若是 曰 吾思夫使我至此極者而不得也 父母豈欲吾貧哉 天無私覆 地無私 載 天地豈私貧我哉 求其爲之者而不得也 然而至此極者 命也夫

— 〈大宗師〉

왜 이런 운명의 덫에 걸린 것입니까?

손휴라는 사람이 편경자 문하에 찾아와 탄식하며 말했습니다.

손휴 저는 고향에 살 때 돼먹지 못했다는 말을 들은 적이 없고 전쟁터에서 비겁하다는 말을 들은 적이 없습니다. 그런데 농사를 지어도 세월을 만나지 못하고 임금을 섬기려 해도 세상을 만나지 못합니다. 고향에서는 따돌림을 당하고 관청에서는 쫓겨났습니다. 도대체 제가 하늘에 무슨 죄를 지었기에 이런 운명의 덫에 걸린 것입니까?

편경자 그대는 '순수한 사람至人'의 행동에 대해 들어본 적이 없습니까? 간도 쓸개도 잊어버리고 눈도 귀도 버렸답니다. 아무 생각 없이 세상 밖을 돌아다니고 아무 일 없이 노닌답니다. 뭘 하고도 자랑하지 않으며 뭘 키우고도 다스리지 않는답니다. 지금 그대는 자기 지식을 포장해서 어리석은 자를 놀라게 하고 있습니다. 좋은 사람이 되어 남의 잘못을 드러내려 하고 있습니다. 그 밝기가 해와 달을 내걸고 다니는 것 같습니다. 그대의 몸에는 온전하게 이목구비 등 아홉 개의 구멍이 갖춰져 있지요. 그대는 귀머거리, 장님, 절름발이, 앉은뱅이가 되지 않고 남들처럼 살아 있는 겁니다. 그것만으로도 행운입니다. 어찌 하늘을 원망할 수 있겠습니까? 그만 가보세요.

—〈달생〉

有孫休者 踵門而詫子扁慶子 曰 休 居鄕 不見謂不脩 臨難 不見謂不勇 然而田原不遇歲 事君不遇世 賓於鄕里 逐於州部 則胡罪乎天哉 休惡遇此命也 扁子曰 子獨不聞夫人之自行邪 忘其肝膽 遺其耳目 芒然彷徨乎塵垢之外 逍遙乎無事之業 是謂爲而不恃 長而不宰 今汝飾知以驚愚 脩身以明汙 昭昭乎若揭日月而行也 汝得全而形軀 具而九竅 無中道夭於聾盲跛蹇 而比於人數 亦幸矣 又何暇乎天之怨哉 子往矣

—〈達生〉

곤경 속에서도 두렵지 않습니다

　물길을 다니면서 소용돌이를 두려워하지 않는 것이 어부의 용기입니다. 땅의 길을 다니면서 외뿔소나 호랑이를 두려워하지 않는 것이 사냥꾼의 용기입니다. 허연 칼날이 눈앞에서 서로 부딪쳐도 죽음을 삶처럼 보는 것이 열사의 용기입니다. 궁지에 빠지는 것이 운명이고 뜻을 이루는 것이 시운임을 알고 큰 역경 속에서도 두려워하지 않는 것은 성인의 용기입니다. 운명에 편하게 맡길 뿐입니다.

— 〈추수〉

水行 不避蛟龍者 漁父之勇也 陸行 不避兕虎者 獵夫之勇也 白刃 交於前 視死若生 者 烈士之勇也 知窮之有命 知通之有時 臨大難而不懼者 聖人之勇也 由處矣 吾命有所制矣

— 〈秋水〉

어떤 어려움이 닥쳐도
마음이 살아 있다면

마음이 살아 있으면 어떤 어려움이 닥쳐도 본래 모습을
잃지 않습니다. 추위와 눈서리를 겪어야만 소나무와 잣나
무가 무성해짐을 알기 때문입니다.

— 〈양왕〉

內省而不窮於道 臨難而不失其德 天寒旣至 霜雪旣降 吾是以知松柏之茂也

— 〈讓王〉

무정한 장자

홀륭한 사람은 겉모습은 사람이지만 사람의 정情이 없습니다. 사람의 모습으로 사람들과 함께 살지만 사람의 정이 없어 옳고 그름에 얽매이지 않습니다. 사람들 속에서 섞여 살며 아득히 작습니다. 그러면서도 아, 정말 큽니다! 혼자만 성숙한 모습을 갖추었습니다.

혜자 사람인데 정이 없단 말입니까?

장자 그렇습니다.

혜자 사람인데 정이 없다면 어떻게 사람이라 하겠습니까?

장자 그는 자연스러운 길에서 사람의 모습으로 태어났고 자연이 그를 사람의 몸으로 길러주고 있지요. 그런데 어찌 그가 사람이 아니라 할 수 있겠습니까?

혜자 그가 사람이라면서 어찌 그에게 정이 없다고 할 수 있지요?

장자 내가 말하는 정은 그런 게 아닙니다. 내가 정이 없다고 말하는 것은 좋아하고 싫어하는 것으로 자신을 괴롭히지 않는다는 뜻입니다.

— 〈덕충부〉

聖人……有人之形 無人之情 有人之形 故群於人 無人之情 故是非不得於身 眇乎
小哉 所以屬於人也 謷乎大哉 獨成其天 惠子謂莊子曰 人故無情乎 莊子曰 然 惠
子曰 人而無情 何以謂之人 莊子曰 道與之貌 天與之形 惡得不謂之人 惠子曰 旣
謂之人 惡得無情 莊子曰 是非吾所謂情也 吾所謂無情者 言人之不以好惡內傷其
身

— 〈德充符〉

24

무당이 읽어내는 것은
운명이 아니라 탐욕입니다

마음을 비우고 아무런 욕심 없이 내가 누구인지도 모른 채 풀처럼 쓰러지고 물결치는 대로 흘렀습니다. 그랬더니 신통하다는 무당이 달아나 버렸습니다.

— 〈응제왕〉

무당이 읽어내는 것은 우리의 탐욕입니다. 그러니 아무런 욕심이 없는 사람 앞에서는 아무리 신통한 무당도 무력해져 달아나 버리는 것입니다.

吾與之虛而委蛇 不知其誰何 因以爲弟靡 因以爲波流 故逃也

— 〈應帝王〉

즐거움

살아서 진흙 속을 돌아다니렵니다

어느 날 장자가 복수에서 낚시질을 하고 있었습니다. 그 때 재상의 자리를 맡아달라는 초나라 왕의 전갈을 받았습니다. 그는 낚싯대를 쥔 채 돌아보지도 않고 말했습니다.

장자 듣자니 초나라에는 신령스러운 거북이 있는데 죽은 지 삼천 년이나 되었다더군요. 왕이 그것을 상자에 넣어 비단으로 싸서 묘당 위에다 소중하게 간직하고 있다지요? 그 거북은 죽어서 남은 뼈가 그렇게 받들어지기를 원했을까요? 아니면 살아서 진흙 속에서 꼬리를 끌며 다니기를 원했을까요?

두 대부 그야 살아서 진흙 속에서 꼬리를 끌며 다니기를 바랐겠지요.

장자 돌아가세요. 나도 진흙 속에서 꼬리를 끌며 다니렵니다.

— 〈추수〉

莊子釣於濮水 楚王 使大夫二人 往先焉 曰 願以竟內累矣 莊子持竿不顧曰 吾聞
楚有神龜死已三千歲矣 王巾笥而藏之廟堂之上 此龜者寧其死爲留骨而貴乎 寧其
生而曳尾於塗中乎 二大夫曰 寧生而曳尾塗中 莊子曰 往矣 吾將曳尾於塗中

—〈秋水〉

만족할 줄 모르면 남을 부러워합니다

외발 기夔는 발 많은 노래기가 부러웠습니다. 노래기는 발이 없는 뱀이 부러웠습니다. 뱀은 눈에 보이지 않는 바람이 부러웠습니다. 바람은 움직이지 않는 눈目이 부러웠습니다. 눈은 보지 않고도 아는 마음이 부러웠습니다.

— 〈추수〉

夔憐蚿 蚿憐蛇 蛇憐風 風憐目 目憐心

— 〈秋水〉

세상에 진짜 즐거움이 있을까요?

세상 사람들은 부귀와 장수와 명예를 추구합니다. 편안한 몸과 맛있는 음식, 좋은 옷, 예쁜 여자, 아름다운 음악을 즐깁니다. …… 이런 식으로 사는 것이 정말 즐거운 인생일까요? …… 지금 세상 사람들이 하는 것이나 즐기는 것이 과연 즐거운 것인지 나는 모르겠습니다. 세상 사람들이 즐기는 것이 마치 죽어도 그만두지 못하고 떼를 지어 달려가는 형국 같습니다.

— 〈지락〉

天下之所尊者 富貴壽善也 所樂者 身安厚味美服好色音聲也……其爲形也 亦遠矣……今俗之所爲 與其所樂 吾 又未知樂之果樂邪 果不樂邪 吾觀夫俗之所樂 擧群趣者 誙誙然 如將不得已

— 〈至樂〉

진짜 즐거움(1)

나는 즐거움을 위해 꾸미지 않을 때 정말 즐거운데 세상 사람들은 이를 너무 힘들어합니다. 그러니 이렇게 말해보 겠습니다.

진짜 즐거움은 즐거움을 추구하지 않고 진짜 명예는 명예 를 추구하지 않는다.

— 〈지락〉

吾以無爲 誠樂矣 又俗之所大苦也 故曰 至樂無樂 至譽無譽

— 〈至樂〉

진짜 즐거움(2)

　사람들과 화목한 것이 '사람의 즐거움'이고 자연과 화목
한 것이 '자연의 즐거움'입니다.

—〈천도〉

與人和者 謂之人樂 與天和者 謂之天樂

—〈天道〉

즐거운 인생

증자가 위나라에 살 때입니다. 솜옷은 겉이 다 닳아버렸고 얼굴은 종기가 터져 푸석했고 손발은 트고 갈라져 있었습니다. 삼 일이나 익힌 음식을 먹지 못하기도 했고 십 년이나 새 옷을 지어 입지 못했습니다. 갓을 쓰려 하면 끈이 떨어지고 옷을 여미면 찢어져 팔꿈치가 드러나고 신을 신으면 뒤꿈치가 튀어나올 지경이었습니다. 그는 그런 신발을 끌고 다니며 《시경》의 시를 노래했습니다. 그 노랫소리는 천지를 가득 채우며 맑게 울려 퍼졌습니다. 마치 금속 악기, 석제 악기를 연주하는 듯했습니다.

천자도 그를 신하로 삼지 못했습니다. 제후도 그를 벗으로 삼지 못했습니다. 마음을 기르는 사람은 몸을 잊습니다. 몸을 돌보는 사람은 이익을 잊습니다. 자연스러운 길을 가는 사람致道者은 마음을 잊습니다.

—〈양왕〉

曾子居衛 縕袍無表 顏色 腫噲 手足 胼胝 三日 不擧火 十年 不製衣 正冠而纓絶
捉衿而肘見 納屨而踵決 曳縱而歌商頌 聲滿天地 若出金石 天子 不得臣 諸侯 不
得友 故 養志者 忘形 養形者 忘利 致道者 忘心矣

一〈讓王〉

꼽추 지리소가 사는 법

지리소는 턱이 배꼽에 묻히고 어깨가 이마보다 높았습니다. 굽은 등에 달린 혹은 하늘을 향하고 있었습니다. 오장이 위에 달리고 두 넓적다리는 옆구리에 닿아 있었습니다. 그는 바느질과 세탁 일로 혼자 힘으로 충분히 먹고살 수 있었고 점치는 일과 방아 찧는 일로 열 식구 먹을 것을 벌었습니다. 나라에서 군인을 징집해도 지리소는 소매를 걷어붙이고 거리낌 없이 돌아다녔습니다.

나라에 큰 부역이 있어도 지리소는 몸이 성치 않아 면제를 받았습니다. 나라에서 병자들에게 곡식을 배급할 때면 세 가지 곡식과 열 단의 땔감을 받기도 했습니다. 이처럼 외모에 구애받지 않고 사는 사람은 자기 몸을 보살피며 천수를 다합니다. 그러니 덕德에 구애받지 않고 사는 사람이야 말할 필요도 없습니다.

— 〈덕충부〉

좋은 게 좋은 게 아니고 나쁜 게 나쁜 게 아닙니다. 마음이 살아 있는 사람은 판단에 갇히지 않습니다 神人無功. 온전한 즐거움은 부와 권세를 누리는 것이 아니라 스스로 만족하는 삶을 누리는 것에서 옵니다.

支離疏者 頤隱於臍 肩高於頂 會撮指天 五管在上 兩髀爲脇 挫鍼治繲足以餬口
鼓筴播精 足以食十人 上徵武士 則支離攘臂而遊於其間 上有大役 則支離以有常
疾不受功 上與病者粟 則受三鍾與十束薪 夫支離其形者 猶足以養其身 終其天年
又況支離其德者乎

—〈德充符〉

만족(1)

뱁새는 깊은 숲 속에서도 둥지를 트는 데 쓸 가지 하나만 있으면 그만이고 두더지는 황하에서도 자기 배를 채울 물만 마시면 그만입니다.

—〈소요유〉

鷦鷯巢於深林不過一枝 偃鼠飮河不過滿腹

—〈逍遙遊〉

만족(2)

　다른 사람들의 즐거움에 놀아나는 사람은 스스로 만족하는 삶을 즐기지 못하는 사람입니다.

—〈대종사〉

適人之適 而不自適其適者也

—〈大宗師〉

만족(3)

   나는 우주 한가운데 서 있습니다. 겨울에는 모피를 입고 여름에는 갈포 옷을 입습니다. 봄에는 땅을 갈아 씨를 뿌리고 몸을 움직여 충분히 일할 수 있습니다. 가을에는 곡식을 거두어들여 충분히 쉬고 먹을 수 있습니다. 해가 뜨면 나가 일하고 해가 지면 들어와 쉽니다. 자연 속에서 노닐면서 나름대로 만족하며 살고 있습니다. 내가 세상을 가지고 뭘 하겠습니까?

—〈양왕〉

余 立於宇宙之中 冬日 衣皮毛 夏日 衣葛絺 春耕種 形足以勞動 秋收斂 身足以休食 日出而作 日入而息 逍遙於天地之間 而心意自得 吾何以天下爲哉

—〈讓王〉

만족(4)

　만족할 줄 아는 사람은 이익 때문에 자신을 얽매지 않습니다. 저절로 얻게 된다는 것을 아는 사람은 잃는 것을 두려워하지 않습니다. 마음을 닦는 사람은 지위가 없어도 부끄러워하지 않습니다.

— 〈양왕〉

知足者 不以利 自累也 審自得者 失之而不懼 行脩於內者 無位而不怍

— 〈讓王〉

마음이 살아 있는 사람들

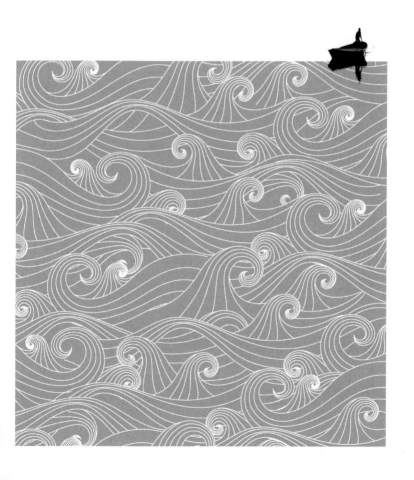

지인, 신인, 성인

'순수한 사람至人'에게는 나라는 자의식이 없습니다. '마음 이 살아 있는 사람神人'은 결과에 초연합니다. '훌륭한 사람 聖人'은 이름에 연연하지 않습니다.

—〈소요유〉

지인至人, 신인神人, 성인聖人은 일상적인 삶 속에서 소박하고 순수하게 본래 모습 그대로 자연스럽게 살아가는 사람들입니다. 지인, 신인, 성인은 인간 이상의 뛰어난 힘을 가진 사람이 아니라 순수한 사람, 마음이 살아 있는 사람, 훌륭한 사람입니다. 이런 사람이 따로 있는 것이 아닙니다. 누구나 이런 모습을 본래 모습으로 간직하고 있습니다. 이런 모습은 함께 놀 때, 자연과 교감할 때, 사랑할 때 편하게 드러납니다. 그래서 장자는 '노니는 마음遊心'을 강조합니다. 노니는 마음은 아집이 없고 쉽게 판단하지 않고 결과, 명예, 쓸모 등에 집착하지 않습니다.

至人無己 神人無功 聖人無名

—〈逍遙遊〉

내가 정말 나인지
어떻게 알 수 있을까요?

그대는 꿈에서 새가 되어 하늘에 오르기도 하고 물고기가 되어 연못 속으로 들어가기도 하지요. 지금 이렇게 말하고 있는 것도 현실인지 꿈인지 알 수 없습니다.

— 〈대종사〉

汝夢爲鳥而厲乎天 夢爲魚而沒於淵 不識今之言者 其覺者乎 其夢者乎

— 〈大宗師〉

나는 내가 아닙니다

어느 날 장자는 꿈에서 나비가 되었습니다. 나비가 되어 훨훨 날아다니며 유유자적 즐거웠습니다. 그러다 보니 자신이 장자임을 잊고 있었습니다. 문득 깨어보니 장자 자신의 모습 그대로였습니다.

장자가 말했습니다. "내가 나비가 되는 꿈을 꾼 것인가? 아니면 나비가 내 꿈을 꾸고 있는 것인가? 알 수 없구나. 나 장주와 나비는 분명 다른데 말이야. 이런 게 바로 '뭔가 되고 있다物化'고 하는 것이로구나."

—〈제물론〉

昔者莊周夢爲胡蝶 栩栩然胡蝶也 自喩適志與 不知周也 俄然覺 則蘧蘧然周也 不知周之夢爲胡蝶與 胡蝶之夢爲周與 周與胡蝶則必有分矣 此之謂物化

—〈齊物論〉

나를 잊어라, 나는 달라지고 있다

　　제자 안연이 스승 공자에게 스승이 하는 대로 따라 하겠다고 합니다. 그러자 공자가 말합니다.

　　"그런데 너는 내가 보여준 것만 보는 것 같구나. 그것은 이미 다한 것인데 너는 거기에 뭔가 있는 줄 알고 있구나. 이는 말馬이 잠시 쉬어 간 곳에서 말을 찾는 격이다. 내가 너에게 해줄 말은 나를 완전히 잊으라는 것이다. 네가 나에게 해줄 말도 너를 완전히 잊으라는 것이다. 그렇다고 네가 걱정할 필요는 없다. 옛날의 나를 잊었어도 나에겐 잊지 않고 새로 태어나는 내가 있을 것이다."

ー〈전자방〉

汝殆著乎吾所以著也 彼已盡矣 而汝求之以爲有 是求馬於唐肆也 吾服汝也 甚忘
汝服吾也 亦甚忘 雖然 汝奚患焉 雖忘乎故吾 吾有不忘者存

ー〈田子方〉

'나'라는 생각을 버리고
새로운 '나'로 거듭납니다

공자는 육십 년 살면서 육십 번 달라졌다고 합니다. 처음에 옳다고 했던 것을 나중에는 아니라고 했다고 합니다. 그러면 지금 옳다고 하는 것이 과거에 쉰아홉 번 아니라고 했던 것은 아닌지 모르겠습니다.

— 〈우언〉

孔子行年 六十而六十化 始時所是 卒而非之 未知今之所謂是之非五十九非也

— 〈寓言〉

'나'라는 생각이 없는데 어떻게
'가진다'는 생각을 할 수 있겠습니까?

　큰사람大人의 가르침은 모양을 따르는 그림자, 소리를 따르는 메아리 같습니다. 큰사람은 질문에 대답을 합니다. 모든 궁금증을 풀어줍니다. 세상의 누구도 상대해줍니다. …… 모두와 크게 하나가 되니 '나'라는 생각이 없습니다. '나'라는 생각이 없는데 어찌 '가진다有'는 생각을 할 수 있겠습니까?

― 〈재유〉

大人之教 若形之於影 聲之於響 有問而應之 盡其所懷 爲天下配……大同而無己
無己 惡乎得有有

― 〈在宥〉

훌륭한 사람은
이름에 연연하지 않습니다

현명한 임금은 세상을 돌보아 잘살게 만들어도 자기가 한 일이라고 생각하지 않습니다. 그 자신이 어떤 일이든 되게 할 수 있더라도 사람들이 자신에게 의지하게 하지 않습니다. 아무도 자신의 이름을 들먹이지 않게 하고 사람들 스스로 기뻐하게 합니다. 이런저런 계산을 하지 않고 그저 담 없는 곳에서 노니는 사람입니다.

―〈응제왕〉

明王之治 功蓋天下而似不自己 化貸萬物而民弗恃 有莫擧名 使物自喜 立乎不測
而遊於無有者也

―〈應帝王〉

순수한 사람의 명성은
들리지 않습니다

자기를 드러내지 않고 길道 따라 흘러갑니다. 이름 없는 곳에서 '본래 모습得' 그대로 살아갑니다. 순수하고 한결같은 모습이 바보 같기도 합니다. 자취도 지우고 권세도 버립니다. 성공하기 위해, 유명해지기 위해 살지 않습니다. 그래서 남들에게 책임을 묻지 않고 남들도 그에게 책임을 묻지 않습니다. 순수한 사람至人의 명성은 들리지 않습니다.

—〈산목〉

道流而不明居 得行而不名處 純純常常 乃比於狂 削迹捐勢 不爲功名 是故 無責
於人 人亦無責焉 至人不聞

—〈山木〉

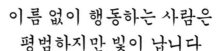

09

이름 없이 행동하는 사람은
평범하지만 빛이 납니다

안으로 충실한 사람은 이름 없이 행동합니다. 이름 없이
행동하는 사람은 평범하지만 빛이 납니다. 겉으로 드러내
려는 사람은 돈에만 마음을 씁니다. 돈에만 마음을 쓰는 사
람은 장사꾼에 불과합니다.

—〈경상초〉

券內者 行乎無名 券外者 志乎期費 行乎無名者 唯庸有光 志乎期費者 唯賈人也
—〈庚桑楚〉

본래 모습 그대로인 사람

　'본래 모습 그대로인 사람德人'은 가만히 있을 때도 생각하지 않고 움직일 때도 아무런 생각이 없습니다. 옳으니 그르니, 좋으니 싫으니, 이런 생각을 담아두지 않습니다. 세상 모두가 함께 이로움에 기뻐하고 모두가 함께 만족함에 안심할 뿐입니다. 엄마 잃은 어린아이처럼 슬픈 모습으로 있기도 하고 가다가 길을 잃은 것처럼 멍하게 있기도 합니다. 재물도 쓰고 남지만 어디서 난 것인지를 모르고 음식도 먹고 남지만 어디서 온 것인지를 모릅니다.

　　　　　　　　　　　　　　　　　　　　— 〈천지〉

德人者 居無思 行無慮 不藏是非美惡 四海之內 共利之之謂悅 共給之之爲安 怊乎若嬰兒之失其母也 儻乎若行而失其道也 財用有餘而不知其所自來 飮食取足而不知其所從

　　　　　　　　　　　　　　　　　　　　— 〈天地〉

마음이 살아 있는 사람은
차별도 판단도 하지 않습니다

큰사람大人은 남을 해치지도 않지만 남의 은혜를 대단하게 여기지도 않습니다. 이익을 탐하지도 않지만 이익을 바라는 문지기를 천하게 여기지도 않습니다. …… 큰사람은 옳고 그름을 가릴 수 없다는 것, 작음과 큼을 나눌 수 없다는 것을 압니다.

— 〈추수〉

大人之行 不出乎害人 不多仁恩. 動不爲利 不賤門隸……知是非之不可爲分 細大之不可爲倪

— 〈秋水〉

진짜 예술가는
성공에 집착하지 않습니다

송나라 임금이 그림을 그리게 하자 여러 화공들이 모여들었습니다. 그들은 화판을 받고는 자리를 잡고서 붓에 침을 바르고 먹을 갈았습니다. 문밖에 있는 사람이 절반이었습니다. 한 화공이 늦게 와서는 느긋하게 걸어 들어갔습니다. 그리고 화판을 받고는 자리를 잡지도 않고 그냥 집으로 가 버렸습니다.

임금이 사람을 시켜 가보게 했습니다. 그는 옷을 벗고 두 다리를 뻗고 앉아 있었습니다. 그러자 임금이 말했습니다. "좋다. 그가 진짜 화공이다."

— 〈전자방〉

宋元君 將畫圖 衆史皆至 受揖而立 舐筆和墨 在外者半 有一史後至者 儃儃然 不趨 受揖不立 因之舍 公 使人視之 則解衣般礡臝 君曰 可矣 是眞畫者也
— 〈田子方〉

거울 같은 사람

훌륭한 사람은 행동이 어리숙하고 마음이 고요합니다. 고요한 것이 좋은 것이라서 고요하게 있는 것이 아닙니다. 어떤 것도 마음을 흔들 수 없어 고요한 것입니다. 물이 고요하면 수염이나 눈썹까지 밝게 비추어줍니다. 또 수평을 잘 맞출 수 있어 목수도 고요한 물을 기준으로 삼습니다. 물이 고요하면 이렇게 밝혀줍니다. 그런데 훌륭한 사람의 마음이 고요하다면 오죽하겠습니까? 천지자연을 비추는 거울이 될 것입니다. 모든 것을 비추는 거울이 될 것입니다.

― 〈천도〉

聖人之靜也 非曰靜也善 故靜也 萬物無足以鐃心者 故靜也 水靜則明燭鬚眉 平中準 大匠 取法焉 水靜猶明 而況精神聖人之心靜乎 天地之鑑也 萬物之鏡也

― 〈天道〉

인기 있는 선생님

노나라에 왕태라는 사람이 있었는데 그는 형벌로 발이 잘린 전과자였습니다. 그런데 그를 따라 노니는 사람들이 공자를 따르는 제자들의 수와 맞먹었습니다. 제자 상계가 공자에게 물었습니다.

상계 왕태는 전과자입니다. 그런데 노나라에는 그를 따라 노니는 자들과 선생님의 제자가 반반입니다. 그는 서서 가르치지도 않고 앉아 토론하는 일도 없답니다. 그런데도 사람들이 텅 빈 채로 그에게 가서는 가득 채워 돌아온답니다. 정말 말없는 가르침이나 보이지 않지만 마음으로 느껴지는 바가 있는 것일까요? 그는 도대체 어떤 사람일까요? ……

공자 죽고 사는 것과 같은 큰일에도 달라지지 않는 사람이다. 하늘이 무너지고 땅이 꺼진다 해도 동요되지 않는다. …… 다르다는 점에서 본다면야 간과 쓸개도 초나라와 월나라처럼 멀겠지. 하지만 같다는 점에서 본다면 만물이 모두 하나가 아니겠느냐. 이런 사람은 듣고 보는 것으로 쉽사리 판단하는 법이 없고 '본래 모습의 화목함' 속에 마음이 노닌다. 모든 것을 하나로 보기 때문에 잃어버린 게 보이지 않는다. 그래서 발을 잃은 것을 마치 흙을 털어낸 것처럼 보는 것이다. …… 사람들은 제 모습을 흐르는 물에 비춰보지 않고 고요한 물에 비춰본다. 고요해야만 머무를 수 있어 사람들이 모이는 것이다. …… 자연을 돌보고 모든 것을 감싸 안고 자신의 몸을 잠시 머물다 가는 거처로 생각하는 사람, 듣고 보는 것에 구애받지 않고 자기가 아는 것이 일부일 뿐이라는 것을 아는 사람, 마음이 죽지 않은 그런 사람이다.

— 〈덕충부〉

魯有兀者王駘 從之遊者 與仲尼相若 常季問於仲尼曰 王駘 兀者也 從之遊者 與夫子中分魯 立不敎 坐不議 虛而往 實而歸 固有不言之敎 無形而心成者邪 是何人也……仲尼曰 死生亦大矣 而不得與之變 雖天地覆墜 亦將不與之遺……自其異者視之 肝膽楚越也 自其同者視之 萬物皆一也 夫若然者 且不知耳目之所宜而遊心乎德之和 物視其所一 而不見其所喪 視喪其足猶遺土也……人莫鑑於流水而鑑於止水 唯止能止衆止……官天地 府萬物 直寓六骸 象耳目 一知之所知 而心未嘗死者乎

— 〈德充符〉

참스승

그분은 인간의 천진한 모습 그대로이십니다. 모습은 사람이지만 하늘처럼 비어 있으십니다. 인연을 따르지만 천진한 모습 그대로 간직하고 계십니다. 맑으시지만 무엇이든지 받아주십니다. 누군가 길을 잃으면 자신의 모습을 바르게 해서 깨우쳐주십니다.

―〈전자방〉

其爲人也眞 人貌而天虛 緣而葆眞 淸而容物 物無道 正容以悟之 使人之意也 消
―〈田子方〉

못생긴 매력남

애태타哀駘它, 그는 '못생긴駘 슬픈哀 낙타它'라고 불릴 정
도로 못생긴 남자입니다. 그런 남자에게 시집가겠다는 여
자들이 줄을 서고 남자들도 그를 만나고 나면 그를 떠나려
하지 않습니다. 도대체 이 남자에게 어떤 마력이 있기에 이
러는 것일까요? 애태타는 자기주장도 없고, 아는 것도 별로
없고, 남들을 위해 뭘 해줄 권력도 돈도 없는 사람입니다.
게다가 아주 못생겼습니다. 노나라 애공도 그에게 마음이
끌려 그를 재상으로 삼고 싶어 했습니다. 그러자 애태타는
떠났고 애공은 실연당한 사람처럼 모든 기쁨을 잃어버렸습
니다. 애공은 자신의 마음을 사로잡은 애태타가 도대체 어
떤 사람이냐고 공자에게 물어봅니다.

공자가 말했습니다. "……그는 '바탕이 온전하면서도 본
래 모습을 드러내지 않는 사람才全而德不形者'입니다. ……
죽음과 삶, 생존과 소멸, 성공과 실패, 가난과 부유함, 현명

함과 어리석음, 비방과 칭찬, 배고픔과 목마름, 추위와 더
위, 이런 것들이 사물의 변화요 운명의 흐름입니다. 밤낮으
로 번갈아 나타나지만 그 시작을 따져 알 수 있는 것이 아
닙니다. 그는 이런 것으로 온화한 마음을 어지럽히지 않습
니다. …… 마음을 열고 온화함을 그대로 즐기며 기쁨을 잃
지 않습니다. 밤낮 끊임없이 모든 것들과 함께 봄春이 됩니
다. 모든 것들과 만날 때마다 마음이 새록새록 살아납니다.
…… 평평하니 물이 완전히 고요해진 상태가 적절한 예가
될 수 있을 것입니다. 안으로는 지키면서 겉으로는 고요합
니다. …… 그런데도 본래 모습德을 드러내지 않기 때문에
아무도 그를 떠나지 못하는 것입니다."

— 〈덕충부〉

魯哀公問於仲尼曰 衛有惡人焉 曰哀駘它 丈夫與之處者 思而不能去也 婦人
見之 請於父母曰 與爲人妻 寧爲夫子妾者 十數而未止也 未嘗有聞其唱者也
常和人而矣 無君人之位以濟乎人之死 無聚祿以望人之腹 又以惡駭天下 和而
不唱 知不出乎四域 且而雌雄合乎前 是必有異乎人者也 寡人召而觀之 果以
惡駭天下 與寡人處 不至以月數 而寡人有意乎其爲人也 不至乎期年 而寡人
信之 國無宰 寡人傳國焉 悶然而後應 氾而若辭 寡人醜乎 卒授之國 無幾何
也 去寡人而行 寡人卹焉若有亡也 若無與樂是國也 是何人者也 仲尼曰……
必才全而德不形者也……死生存亡 窮達貧富 賢與不肖毀譽飢渴寒暑 是事之
變 命之行也 日夜相代乎前 而知不能規乎其始者也 故不足以滑和……使之和
豫通而不失於兌 使日夜無郤而與物爲春 是接而生時於心者也……平者 水停
之盛也 其可以爲法也 內保之而外不蕩也……德不形者 物不能離也
— 〈德充符〉

254

선생님께서 항아리 뚜껑을
열어주셨다

나는 항아리 속의 초파리였다. 선생님께서 항아리 뚜껑을
열어주셨다.

― 〈전자방〉

이것은 공자가 노자를 만난 후 제자 안연에게 하는 말입니다. 비
트겐슈타인은 《철학적 탐구》에서 철학의 목적은 파리에게 파리통
에서 빠져나갈 출구를 보여주는 것이라고 쓴 바 있습니다.

其猶醯鷄與 微夫子之發吾覆也

― 〈田子方〉

세상의 본래 모습

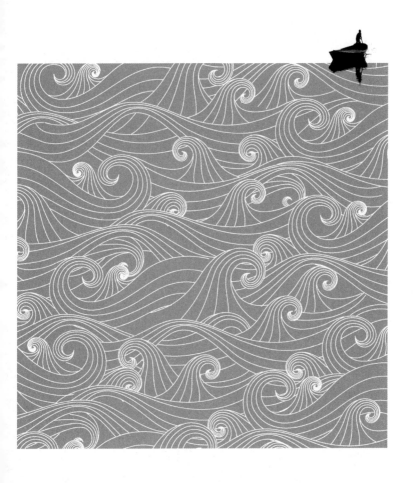

세상의 본래 모습

본래 모습德은 서로 화목한 것입니다.

— 〈선성〉

무하유지향無何有之鄕, 즉 '담 없는 마을'은 사람들이 순수한 본래 모습 그대로 살아가는 곳입니다. 그곳에는 내 것이라는 소유욕도 없고 내가 해냈다는 명예욕도 없습니다. 그곳은 탐욕으로 쌓아 올린 '어떤 담이나 경계何有'도, 차별도 없어 누구라도 함께 노닐 수 있는 마을鄕입니다. 삶의 진정한 즐거움을 담담하게 느낄 수 있는 곳입니다. 어디에도 없어 꿈으로만 그려볼 수 있는 곳이 아니라, 우리의 삶 속에서 얼마든지 누릴 수 있는 곳입니다. 자연과 교감할 때, 사랑할 때, 벗들과 즐겁게 놀 때, 좋아하는 일에 몰두할 때, 가족을 위한 식사를 준비할 때처럼 자신의 소박한 즐거움을 담담하게 즐길 때 우리는 바로 그곳에 있는 것입니다. 이런 곳에서는 내가 옳다는 아집도, 성공에 대한 집착도, 이름을 날려보겠다는 명예욕도 고개를 들지 않습니다. 이곳에서는 이런저런 계산을 하지 않습니다. 이곳은 순수하고 천진스러운 사람이 노니는 곳입니다.

夫德和也

—〈繕性〉

남을 짓밟고 올라가려 하지 않았습니다

남을 무너뜨리고 내가 이루려 하지 않았습니다. 남을 짓밟고 내가 올라가려 하지 않았습니다. 때를 만났다고 내 이익을 챙기려 하지 않았습니다.

—〈양왕〉

不以人之壞 自成也 不以人之卑 自高也 不以遭時 自利也

—〈讓王〉

순수한 모습 그대로인 세상(1)

'순수한 모습 그대로인 세상至德之世'에서는 사람들의 걸음걸이가 느긋하고 여유로웠으며 눈매는 밝고 환했습니다. 이런 시대에는 산에 길이 없고 못에 배도 다리도 없었습니다. 모두들 함께 모여 살고 마을들도 이어져 있었습니다. 새와 짐승도 무리를 지어 살았고 초목도 마음껏 자랐습니다. 사람들은 새와 짐승을 끈으로 묶어 놀기도 했고, 새 둥지에 다가가 안을 들여다보기도 했습니다.

순수한 모습 그대로인 세상에서는 사람들이 새와 짐승과 함께 살아갑니다. 사람들이 모두 모여 서로 돕고 살아갑니다. 그러니 누가 군자이고 누가 소인인지 어떻게 알겠습니까? …… 누구나 욕심 없이 타고난 그대로 소박했습니다.

— 〈마제〉

故至德之世 其行塡塡 其視顚顚 當是時也 山無蹊隧 澤無舟梁 萬物群生 連屬其
鄕 禽獸成群 草木遂長 是故 禽獸可係羈而遊 鳥鵲之巢可攀援而闚 夫至德之世
同與禽獸居 族與萬物竝 惡乎知君子小人哉……同乎無欲 是謂素樸 素樸而民性
得矣

— 〈馬蹄〉

너무나 소박한 사람들

사람들은 집에 있을 때 자기가 무얼 하고 있는지 몰랐습니다. 돌아다닐 때 자기가 어디에 가는지 몰랐습니다. 사람들은 먹을 것을 입에 넣고는 즐거워서 배를 두드리며 시간을 보냈습니다. 사람들이 할 줄 아는 건 이게 전부였습니다.

— 〈마제〉

民居不知所爲 行不知所之 含哺而熙 鼓腹而遊 民能以此矣

— 〈馬蹄〉

정말 잘 살았습니다

그 시절에는 사람들이 끈을 묶어 소통하는 것으로 충분할 정도로 단순하게 살았습니다. 자기 음식을 맛있게 먹고 자기 옷을 좋아하고 자기 생활을 즐기면서 편안하게 살았습니다. 이웃 나라와 서로 보일 정도로 가까이 살아서 닭 울음소리, 개 짖는 소리가 다 들렸습니다. 그렇지만 늙어 죽을 때까지 서로 왕래할 일이 없었습니다. 그 시절에는 정말 잘 살았습니다.

— 〈거협〉

當是時也 民結繩而用之 甘其食 美其服 樂其俗 安其居 隣國 相望 鷄狗之音 相聞 民至老死 而不相往來 若此之時 則至治已

— 〈胠篋〉

06

순수한 모습 그대로인 세상(2)

순수한 모습 그대로인 세상에서는 현자를 받들지도 않았
고 능력자를 쓰지도 않았습니다. 위에 있는 사람은 그저 높
은 나뭇가지처럼 있을 뿐이었고 사람들은 들판의 사슴 같
았습니다. 사람들은 단정하면서도 그러는 것이 옳다는 생
각 따위는 하지 않았습니다. 서로 아끼면서도 그것이 사랑
仁이라는 생각 따위는 하지 않았습니다. 성실하면서도 그것
이 충忠이라는 생각 따위는 하지 않았습니다. 마땅히 처신
하면서도 그것이 신信이라는 생각 따위는 하지 않았습니다.
부지런히 움직이면서 서로 도와도 그것이 '베푸는 것賜'이
라는 생각 따위는 하지 않았습니다. 그래서 뭘 해도 흔적이
없고 일이 있어도 전해지질 않았습니다.

— 〈천지〉

至德之世 不尙賢 不使能 上如標枝 民如野鹿 端正而不知以爲義 相愛而不知以爲
仁 實而不知以爲忠 當而不知以爲信 蠢動而相使不以爲賜 是故 行而無迹 事而無
傳

―〈天地〉

본래 모습 그대로 건강한 사람

그 노인은 삶을 세상에 맡긴 채 사람들과 함께 살아가면서 자신이 어디로 가는지도 몰랐습니다. 아무 구애 없이 소박한 모습을 그대로 간직하고 있었습니다. 그의 마음에 쓸모나 이익이나 기계나 기교 따위는 없었습니다. 그는 뜻에 안 맞으면 안 가고 마음에 안 맞으면 안 갑니다. 모두들 그의 말이 옳다고 칭찬해도 돌아보지 않고 그의 말이 틀렸다고 비난해도 신경 쓰지 않습니다. 누가 비난하든 칭찬하든 그에게는 이익도 손해도 없습니다.

— 〈천지〉

託生與民並行 而不知其所之 汒乎淳備哉 功利機巧 必忘夫人之心 若夫人者 非其志 不之 非其心 不爲 雖以天下譽之 得其所謂 警然不顧 以天下非之 失其所謂 儻然不受 天下之非譽 無益損焉

— 〈天地〉

진심으로 사람들을 돌봤습니다

옛날에는 세상을 돌볼 때 공경하는 마음을 다했을 뿐입니다. 자신의 행복을 바라지 않았습니다. 진심으로 사람들을 돌봤습니다. 사람들에게 아무것도 요구하지 않았습니다.

— 〈양왕〉

昔者 神農之有天下也 時祀盡敬 而不祈喜 其於人也 忠信盡治 而無求焉

— 〈讓王〉

본래 모습 그대로 건강한 나라

'본래 모습 그대로 건강한 나라建德之國'가 있습니다. 그곳 사람들은 어리숙하고 소박합니다. 사심이나 욕심도 적습니다. 일할 줄은 알아도 쌓아둘 줄은 모르고 주는 건 알아도 받으려고는 하지 않습니다. 무엇이 정의인지, 무엇이 예의인지도 모릅니다. 마음대로 행동해도 큰길을 벗어나지 않습니다. 살아 즐기고 죽어 묻힙니다.

— 〈산목〉

有邑焉 名爲建德之國 其民 愚而朴 少私而寡欲 知作而不知藏 與而不求其報 不知義之所適 不知禮之所將 猖狂妄行 乃蹈乎大方 其生可樂 其死可葬

— 〈山木〉

해 수레를 타고
양성의 들판에서 놀아라

황제黃帝가 구자산으로 큰 땅 대외大隗를 만나러 갔습니다. 방향 감각이 좋은 방명方明이 마부가 되고 세상을 아름답게 하는 창우昌寓가 함께 타고 힘 좋은 장약張若과 말 잘하는 습붕諿朋이 앞서 가고 어리숙한 곤혼昆閽과 괴짜 골계滑稽가 뒤를 따랐습니다. 양성襄城의 들판에 이르자 일곱 성인은 길을 잃고 말았습니다. 길을 물으려 해도 물을 사람이 없었습니다. 그때 마침 말 치는 목동을 만나 그에게 길을 물었습니다.

일행 구자산을 아느냐?

목동 네, 압니다.

일행 대외를 아느냐?

목동 네, 압니다.

황제 이상한 아이로구나. 구자산만이 아니라 대외가 있는 곳까지 알다니. 그러면 세상을 돌보는 것에 대해서도 알고 있느냐?

목동 세상을 돌보는 것도 이럴 것 같습니다. 다를 게 뭐 있겠습니까? 저는 어렸을 적에 갇힌 공간에서만 놀았습니다. 그러자 눈병이 나서 잘 볼 수 없었습니다. 어떤 어른이 제게 이렇게 가르쳐주셨습니다. "애야, 해 수레를 타고 양성의 들판에서 놀아라." 지금은 병이 조금 나았습니다. 그래서 이제부터는 밖에 나와 놀려고 합니다. 세상을 돌보는 것도 이렇지 않을까요? 다를 게 뭐 있겠습니까?

— 〈서무귀〉

黃帝將見大隗乎具茨之山 方明 爲御 昌寓驂乘 張若謵朋 前馬 昆閽滑稽後車 至於襄城之野 七聖皆迷 無所問塗 適遇牧馬童子 問塗焉 曰 若知具茨之山乎 曰 然 若知大隗之所存乎 曰 然 黃帝曰 異哉 小童 非徒知具茨之山 又知大隗之所存 請問爲天下 小童曰 夫爲天下者 亦若此而已矣 又奚事焉 予少而自遊於六合之內 予適有瞀病 有長者敎予 曰 若乘日之車 而遊於襄城之野 今 予病少痊 予又且復遊於六合之外 夫爲天下 亦若此而已 予又奚事焉

— 〈徐无鬼〉

죽어가는 마음을
어떻게 회복할 것인가

큰 숲과 언덕과 산이 좋습니다

사람에게는 놀 수 있는 능력이 있는데 어떻게 놀지 않을
수 있겠습니까? 사람인데 놀 수 있는 능력이 없다면 어떻
게 놀 수 있겠습니까? …… 순수한 사람至人만이 치우치지
않고 세상에서 놀 수 있습니다. 사람들과 함께 가면서도 자
기를 잃지 않을 수 있습니다. …… 남의 의견을 받아들이지,
다르다고 차별하지 않습니다.

눈이 뚫리면 잘 보입니다. 귀가 뚫리면 잘 들립니다. 코가
뚫리면 냄새를 잘 맡습니다. 입이 뚫리면 맛을 잘 봅니다.
마음이 뚫리면 알게 됩니다. 앎이 뚫리면 본래 모습이 됩니
다. ……

마음에는 자연이 준 유유자적함이 있습니다. 방 안에 빈
공간이 없으면 고부 갈등이 생깁니다. 마음에 자연이 준 유
유자적함이 없으면 눈, 귀, 코, 입, 마음, 앎, 이 여섯 개의 구
멍이 서로 다투게 됩니다. 큰 숲과 언덕과 산이 사람들에게

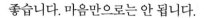

좋습니다. 마음만으로는 안 됩니다.

—〈외물〉

人有能遊 且得不遊乎 人而不能遊 且得遊乎……唯至人 乃能遊於世而不僻 順人
而不失己……承意不彼 目徹爲明 耳徹爲聰 鼻徹爲顫 口徹爲甘 心徹爲知 知徹爲
德……心有天遊 室無空虛 則婦姑勃谿 心無天遊 則六鑿相攘 大林丘山之善於人
也 亦神者不勝

—〈外物〉

끝없이 넓은 곳에서
천천히 거닐어보세요

우리 함께 꾸미지 않고 담담하고 고요하게, 아득하고 맑게, 모든 것들과 어울리며 한가롭게 있어볼까요? 내 뜻이 고요해집니다. 갈 곳도 없고 어디에 와 있는지도 모르게 됩니다. 가고 오지만 어디에 머물고 있는지 모릅니다. 가고 오지만 끝이 어디인지 모릅니다. 끝없이 넓은 곳에서 천천히 거닐어보세요. 그러다 보면 '큰 앎大知'이 들어와, 그곳의 끝이 어디인지 모르게 됩니다. 모든 것이 나름대로 있으면서도 다른 것과 벽이 없습니다.

— 〈지북유〉

嘗相與無爲乎 澹而靜乎 漠而淸乎 調而閒乎 寥已吾志 無往焉而不知其所至 去而來 而不知其所止 吾已往來焉而不知其所終 彷徨乎馮閎 大知入焉而不知其所窮 物物者與物無際

— 〈知北遊〉

눈이 열리면 스스로 보게 됩니다

북쪽의 검푸른 바다에 곤이라는 아주 큰 물고기가 살았습니다. 얼마나 컸던지 그 크기를 아무도 몰랐습니다. 이 물고기가 붕이라는 새가 되었습니다. 붕의 등도 몇천 리나 되는지 알 수 없었습니다. 붕이 분노하여 하늘로 날아오르자 날개가 하늘을 뒤덮는 구름과도 같았습니다. …… '아지랑이며 티끌은 살아 있는 생명들이 서로 숨을 뿜어주는 것이었구나. 하늘이 파랗구나. 그것이 정말 하늘의 색일까? 끝없이 멀어서 파랗게 보이는 것은 아닐까?' 붕이 높이 떠서 내려다보니 아래도 역시 파랗게 보일 뿐이었습니다.

— 〈소요유〉

北冥有魚 其名爲鯤 鯤之大 不知其幾千里也 化而爲鳥 其名爲鵬 鵬之背 不知其幾千里也 怒而飛其翼若垂天之雲……野馬也 塵埃也 生物之以息相吹也 天之蒼蒼 其正色也 其遠而無所至極耶 其視下也 亦若是則已矣

— 〈逍遙遊〉

귀가 열리면 스스로 듣게 됩니다

남곽자기가 안석에 기대어 앉아 하늘을 쳐다보며 긴 한숨을 내쉬었습니다. 멍하니 앉아 있는 모습이 몸과 마음을 다 잃어버린 것 같았습니다. 안성자유가 앞에서 모시고 서 있다가 물었습니다.

안성자유 무슨 일이십니까? 몸이 마른 나무 같아지고 마음이 죽은 재 같아질 수 있는 것입니까? 지금 안석에 기대어 계신 모습이 이전 모습이 아니십니다.

남곽자기 훌륭합니다. 좋은 질문이에요. 이제 나는 나를 잃었습니다吾喪我. 그거 아요? 그대는 사람의 통소 소리는 들어봤는지 몰라도 땅의 통소 소리는 들어보지 못했을 겁니다. 그대는 땅의 통소 소리는 들어봤는지 몰라도 하늘의 통소 소리는 들어보지 못했을 겁니다.

안성자유 어떻게 들을 수 있습니까?

남곽자기 대지가 뿜어내는 숨결을 바람이라고 하지요. 안 불면 그만이지만 일단 바람이 불면 모든 구멍에서 온갖 소리가 납니다. 그대도 윙윙하는 긴 바람 소리를 들어봤겠지요? 웅장한 산 숲에 사는 백 아름드리 나무들의 구멍들이 코처럼, 입처럼, 귀처럼, 목이 긴 병처럼, 술잔처럼, 절구처럼, 큰 웅덩이처럼, 작은 웅덩이처럼 제각각 다르게 생겼습니다. 거기서 나는 소리가 물 부딪치는 소리, 화살 날아가는 소리, 꾸짖는 소리, 들숨소리, 외침 소리, 울음소리, 웃음소리, 재잘대는 소리 등 저마다 다릅니다. 앞에서 우우 소리를 내면 뒤에선 오옹 소리를 내지요. 산들바람에는 가볍게 화답하고 거센 바람에는 큰 소리로 화답하지요. 그러다 바람이 멎으면 모든 구멍이 다시 비면서 고요해집니다. 그대도 저 나무들이 크게 흔들리다 작게 살랑대다 하는 것을 보았겠지요?

안성자유 땅의 통소 소리는 여러 구멍에서 나는 소리이고 사람의 통소 소리는 대나무 피리 소리군요. 그런데 하늘의 통소 소리는 뭔지 모르겠습니다.

남곽자기 바람이 내는 소리가 제각기 다릅니다. 각자 자기의 소리를 내니 모두 자기 소리를 가지게 되는 것이지요. 그런데 그런 소리가 나게 하는 것이 누굴까요?

—〈제물론〉

    나를 잃었다는 것이 무슨 말일까요? 남곽자기가 들었다는 하늘의 통소 소리란 어떤 소리일까요? 나를 잃었다는 것은 '나'라는 자의식과 선입견에서 벗어났다는 것입니다. 시비 판단으로 막혔던 마음에 귀가 열린 것입니다. 이제 열린 마음에 바람이 부니 한가롭고 담담한 큰 앎大知의 소리, 하늘의 통소 소리가 들려옵니다.

南郭子綦隱机而坐 仰天而噓 荅焉似喪其耦 顔成子游 立侍乎前 曰 何居乎 形固可使如槁木 而心固可使如死灰乎 今之隱机者 非昔之隱机者也 子綦曰 偃 不亦善乎 而問之也 今者吾喪我 汝知之乎 汝聞人籟而未聞地籟 汝聞地籟而未聞天籟夫 子游曰 敢問其方 子綦曰 夫大塊噫氣 其名爲風 是唯無作 作則萬竅怒呺 而獨不聞之翏翏乎 山林之畏佳, 大木百圍之竅穴 似鼻 似口 似耳 似枅 似圈 似臼 似洼者 似汚者 激者 謞者 叱者 吸者 叫者 譹者 宎者 咬者 前者唱于而隨者唱喁 泠風則小和 飄風則大和 厲風濟則衆竅爲虚 而獨不見之調調之刁刁乎 子游曰 地籟則衆竅是已 人籟則比竹是已 敢問天籟 子綦曰 夫吹萬不同 而使其自己也 咸其自取怒者其誰邪

—〈齊物論〉

큰 앎(1) ─ 내가 알고 있는 것이
다가 아니었구나!

내가 알 수 없는 것이 있다는 것을 깨닫는 데 이른다면 다 된 것입니다.

─〈제물론〉

知止其所不知 至矣

─〈齊物論〉

알 수 없는 것이 있어야 합니다

사람이 밟고 다니는 땅은 얼마 되지 않습니다. 그러나 밟지 않은 땅이 있어야 그것에 의지해 이리저리 다닐 수 있습니다. 사람이 알 수 있는 것은 얼마 되지 않습니다. 그러나 알 수 없는 것이 있어야 그것에 의지해 자연이 말해주는 것을 들을 수 있습니다.

— 〈서무귀〉

足之於地也踐 雖踐 恃其所不蹍 而後 善博也 人之於知也少 雖少 恃其所不知而後 知天之所謂也

— 〈徐无鬼〉

내가 옳다고 하면 정말 옳은 것일까?

사람이 습한 데서 자면 허리가 아프고 반신이 마비될 수
도 있겠지요. 미꾸라지도 그럴까요? 사람이 나무 위에서 살
면 벌벌 떨며 두려워하겠지요. 원숭이도 그럴까요? 이 셋
중에 누가 거처에 대해 제대로 알고 있는 것일까요?

사람은 가축을 잡아먹습니다. 사슴은 풀을 먹습니다. 지
네는 뱀을 달게 먹습니다. 솔개와 까마귀는 쥐를 즐겨 먹
습니다. 이 넷 중에 누가 맛을 제대로 알고 있는 것일까요?
……

사람들은 모장과 여희가 아름답다고 생각합니다. 그러나
물고기가 이들을 본다면 물속으로 숨어들 것입니다. 새가
이들을 본다면 높이 날아가 버릴 것입니다. 사슴이 이들을
본다면 달아나 버릴 것입니다. 이 넷 중에 누가 아름다움에
대해 제대로 알고 있는 것일까요?

—〈제물론〉

民濕寢則腰疾偏死 鰌然乎哉 木處則惴慄恂懼 猨猴然乎哉 三者孰知正處 民食芻
豢 麋鹿食薦 蝍蛆甘帶 鴟鴉嗜鼠 四者孰知正味……毛嬙麗姬 人之所美也 魚見之
深入 鳥見之高飛 麋鹿見之決驟 四者孰知天下之正色哉

—〈齊物論〉

285

마음이 편하면 시비를 잊게 됩니다

신발이 편하면 발을 잊게 됩니다. 허리띠가 편하면 허리를 잊게 됩니다. 마음이 편하면 시비를 잊게 됩니다. ……편하다는 것마저 잊어버립니다. 진짜 편해집니다.

— 〈달생〉

忘足 屨之適也 忘要 帶之適也 知忘是非 心之適也……忘適之適也

— 〈達生〉

큰 앎(2)

큰 앎은 한가롭지만 작은 앎은 따집니다.
큰 말은 담담하지만 작은 말은 수다스럽습니다.

— 〈제물론〉

大知閑閑 小知閒閒 大言炎炎 小言詹詹

— 〈齊物論〉

앎과 고요함이 서로를 길러줍니다

자연스러운 길을 가는 사람은 고요함으로 앎을 길렀습니다. 살겠다고 앎으로 일을 꾸미지 않았습니다. 앎으로는 고요함을 기르는 것입니다. 앎과 고요함이 서로를 길러주니 온화한 마음이 저절로 생겨납니다.

—〈선성〉

古之治道者 以恬養知 (知)生而無以知爲也, 謂之以知養恬 知與恬 交相養而和理出其性

—〈繕性〉

고요해지고 싶으세요?

고요해지고 싶으세요? 숨氣을 고르게 쉬세요.

정신을 차리고 싶으세요? 마음을 흐름에 맡기세요.

책임을 다하고 싶으세요? 거스를 수 없는 흐름을 따르세요.

— 〈경상초〉

欲靜則平氣 欲神則順心 有爲也欲當 則緣於不得已

— 〈庚桑楚〉

마음을 이기지 못할 때

　마음을 이길 수 없으면 그냥 마음을 따르세요. 그러면 그런 마음을 미워하게 되지는 않을 것입니다. 이기지 못하는 마음을 따르지 않고 억지를 부린다면 거듭 상처를 받게 됩니다. 거듭 상처 받고 오래 사는 사람은 없습니다.

―〈양왕〉

不能自勝則從 神無惡乎 不能自勝而强不從者 此之謂重傷 重傷之人 無壽類矣
―〈讓王〉

마음이 스스로 넓어지게 하세요

사람들의 마음이 스스로 넓어지도록 내버려두세요. 그래 야 사람들이 스스로 깨닫고 속된 마음을 바꿀 수 있습니다. 타인을 해치려는 마음을 없애고 모두 자신의 뜻으로 살아 갈 수 있습니다. 그것은 본성대로 살아가는 것과도 같아서 사람들은 왜 그런지도 모르면서 그렇게 살게 됩니다. 형이 하라는 대로 동생이 따라 하듯이 시킨다고 따라 할 사람이 누가 있겠습니까?

― 〈천지〉

搖蕩民心使之成敎易俗 擧滅其賊心而皆進其獨志 若性之自爲而民不知其所由然 若然者 豈兄堯舜之敎民 溟涬然弟之哉

― 〈天地〉

14

비움, 고요함, 꾸밈없음

비움, 고요함, 꾸밈없음이 천지자연의 고름^平이며 본래 모습 그대로 자연스럽게 살아가는 길道德의 끝입니다. 그래서 제왕과 훌륭한 사람은 쉬는 것입니다. 쉬면 비워집니다. 비우면 채워집니다. 채워지면 갖춰집니다. 비우면 고요해집니다. 고요하면 움직여집니다. 움직여지면 이뤄집니다. 고요하면 꾸미지 않습니다. 꾸미지 않으면서 일을 맡으면 책임을 다하게 됩니다. 꾸미지 않으면 즐겁습니다. 즐거우면 걱정 없이 오래 삽니다. 비움, 고요함, 꾸밈없음. 이것이 모든 것의 뿌리입니다.

—〈천도〉

夫虛靜恬淡寂漠無爲者 天地之平 而道德之至 故 帝王聖人 休焉 休則虛 虛則實 實者倫矣 虛則靜靜則動 動則得矣 靜則無爲 無爲也則任事者 責矣 無爲則兪兪 兪兪者 憂患不能處 年壽長矣 夫虛靜恬淡寂漠無爲者 萬物之本也

—〈天道〉

사랑

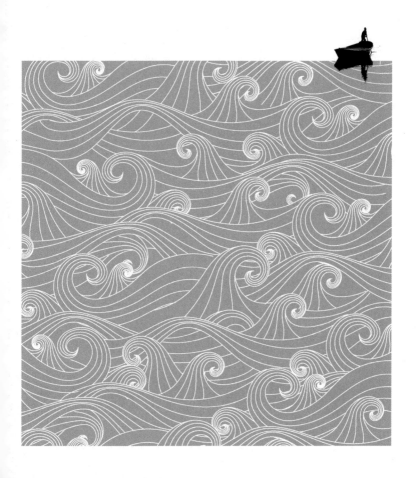

모든 것을 포용하는 것

모든 것을 포용하는 것, 이것이 사랑仁입니다.

— 〈선성〉

德無不容 仁也

— 〈緇性〉

대가를 바라는 사랑은
사랑이 아닙니다

사람들에게 베풀고 나서 잊지 않는 것은 자연이 베푸는
식이 아닙니다.

— 〈열어구〉

施于人而不忘 非天布也

— 〈列御寇〉

정말 사랑하는 사람들끼리는
무덤덤합니다

   시장에서 남이 내 발을 밟으면 그 사람은 '죄송합니다'라고 사과합니다. 형은 내 발을 밟으면 나를 따뜻하게 쓰다듬어줍니다. 아버지는 내 발을 밟으면 그냥 그러고 맙니다. 그래서 이렇게 말하는 것입니다.

  진짜 예의至禮는 남이라는 생각이 없다.

  진짜 정의至義는 어떤 것도 수단으로 대하지 않는다.

  진짜 앎至知은 꾀를 내지 않는다.

  진짜 사랑至仁은 친하지 않다.

  진짜 믿음至信은 돈을 생각하지 않는다.

— 〈경상초〉

蹍市人之足 則辭以放鶩 兄則以嫗 大親則已矣 故曰 至禮 有不人 至義 不物 至
知 不謨 至仁 無親 至信 辟金

— 〈庚桑楚〉

진짜 사랑은 '사랑'이라는 말의 노예가 되지 않습니다

장자 진짜 사랑은 친하지 않습니다.

태재 탕 저는 친하지 않다는 것은 아끼지 않는다는 것이고, 아끼지 않는다는 것은 불효라고 들었는데요. 그렇다면 진짜 사랑한다면 불효해도 된다는 말입니까?

장자 그게 아닙니다. '효'라는 말로는 '진짜 사랑'을 말할 수 없습니다. 들으셨다는 말씀은 효를 넘어서는 것을 말하는 것이 아니라 효에 미치지 못하는 것을 말하는 것입니다. ······ 공경하는 마음으로 효도하기는 쉽습니다. 그러나 사랑으로 효도하기는 어렵습니다. 사랑으로 효도하기는 쉽습니다. 그러나 부모를 잊기는 어렵습니다. 부모를 잊기는 쉽습니다. 그러나 부모가 나를 잊게 하기는 어렵습니다. 부모가 나를 잊게 하기는 쉽습니다. 그러나 부모와 자식이 모두 세상을 잊기는 어렵습니다. 부모와 자식이 모두 세상을 잊기는 쉽습니다. 그러나 세상 사람들이 모두 나를 잊게 하기는 어렵습니다. …… 왜 큰 한숨을 쉬며 사랑이니 효도니 떠들어야 합니까? 효도니 우애니, 사랑이니 정의니, 충성이니 믿음이니, 정숙이니 청렴이니 하는 것이 모두 본래 모습을 애써 노예로 만드는 것입니다.

— 〈천운〉

잊는다忘 는 것은 망심亡心 입니다. 망심은 무심無心 한 것입니다. 무심하다는 것은 편견이나 선입견을 갖지 않는다는 것입니다. 장자는 무정한 사람입니다. 친구 혜자가 사람이면서 어떻게 무정할 수 있느냐고 따져 묻습니다. 장자는 정이 없다는 것은 좋아하고 싫어하는 것으로 자신을 괴롭히지 않는 것이라고 정리해줍니다. 잊는다는 것은 편견成心 으로 판단하고 괴로워하지 않는다는 것이기도 합니다. 여기서 부모를 잊는다는 말은 부모에게 무관심하다는 뜻이 아니라, 부모에 대해 판단하고 괴로워하지 않는다는 뜻입니다. 그리고 세상 사람들이 모두 나를 잊게 하기가 가장 어렵다는 말은 세상의 도덕 관념으로 사람들을 판단하고 도덕의 노예로 만드는 일을 그만두게 하는 것이 가장 어렵다는 뜻입니다.

至仁 無親 大宰曰 蕩聞之 無親則不愛 不愛則不孝 謂至仁不孝 可乎 莊子曰 不然 夫至仁 尙矣 孝固不足以言之 此非過孝之言也 不及孝之言也……以敬孝易 以愛孝難 以愛孝易 而忘親難 忘親易 使親忘我難 使親忘我易 兼忘天下難 兼忘天下易 使天下兼忘我難……豈直大息而言仁孝乎哉 夫孝悌仁義忠信貞廉 此皆自勉以役其德者也

—〈天運〉

05

천진한 사랑은 후회하지 않습니다

천진한 사람眞人은……이루고도 뽐내지 않습니다. 억지로
일을 꾸미지도 않습니다. 그래서 지나치게 행동하고 후회
하지도 않습니다. 잘했다고 자만하지도 않습니다.

— 〈대종사〉

사랑도 마찬가지입니다. 천진한 사랑 역시 드러내지 않습니다.
억지로 사랑하지도 않습니다. 지나치게 사랑해 후회하지도 않습
니다.

眞人……不雄成 不謨士 若然者 過而弗悔 當而不自得也

— 〈大宗師〉

301

진짜 사랑은
어려운 상황에서 드러납니다

공자가 자상호에게 물었습니다.

공자 저는 두 번이나 노나라에서 추방되었습니다. 송나라에서는 나무를 베어 나를 죽이려 했고 위나라에서는 발자국까지 지워지는 수모를 당했습니다. 은나라와 주나라에서는 궁지에 빠졌고 진나라와 채나라 국경에서는 포위당했습니다. 나는 이런 어려움을 수차례 겪었습니다. 친하게 지내던 사람들이 점점 멀어지고 제자들이나 친구들도 점점 흩어지고 있습니다. 왜 이럴까요?

자상호 선생은 가假나라에서 도망친 임회라는 사람의 이야기를 들어보신 적이 없습니까? 그는 천금의 보물을 버리고 아이를 업고 도망쳤답니다. 그래서 어떤 이가 물었답니다. "돈으로 따진다면 아이는 몇 푼 안 됩니다. 그리고 짐스러움으로 따진다면 아이는 큰 짐입니다. 천금의 보물을 버

리고 아이를 업고 도망치셨는데, 왜 그러셨습니까?" 임회가
대답했습니다. "천금은 이익으로 만난 것이지만 아이는 자
연이 맺어준 것입니다." 이익으로 만난 사이는 어려운 상황
이 되면 서로 버리게 마련입니다. 하지만 자연이 맺어준 것
은 어려운 상황일수록 서로 거두어주게 마련입니다.

—〈산목〉

孔子問子桑雽曰 吾 再逐於魯 伐樹於宋 削迹於衛 窮於商周 圍於陳蔡之間 吾犯
此數患 親交益疏 徒友益散 何與 子桑雽曰 子獨不聞假人之亡與 林回 棄千金之
璧 負赤子而趨 或曰 爲其布與 赤子之布寡矣 爲其累與 赤子之累多矣 棄千金之
璧 負赤子而趨 何也 林回曰 彼以利合 此以天屬也 夫以利合者 迫窮禍患害 相棄
也 以天屬者 迫窮禍患害 相收也

—〈山木〉

사랑하게 되더라도
사랑에 의존하지 않습니다

사랑하게 되더라도 사랑에 의존하지 않습니다. 정의에 다가가더라도 정의를 쌓지 않습니다. 예의를 따르더라도 예의에 얽매이지 않습니다. 일을 해야 하면 피하지 않습니다. 법을 사용해야 하더라도 함부로 사용하지 않습니다. 사람들을 의지하게 되면 그들을 존중합니다. 무언가와 인연을 맺게 되면 함부로 버리지 않습니다.

— 〈재유〉

會於仁而不恃 薄於義而不積 應於禮而不諱 接於事而不辭 齊於法而不亂 恃於民而不輕 因於物而不去

— 〈在宥〉

사랑하기에 용감할 수 있습니다

조나라 문왕이 검객들의 칼싸움을 구경하는 데 빠져 나라가 위태로워졌습니다. 장자가 태자가 주는 상금도 거절하고 문왕을 설득하기 위해 사지로 성큼성큼 걸어 들어갑니다. 장자는 자신이 최고의 검객이라며 자신은 천자의 검, 제후의 검, 서인庶人의 검이라는 세 개의 검을 가지고 있는데 그중 어떤 검을 쓸까 문왕에게 묻습니다. 그러자 문왕이 그 세 개의 검에 대해 묻습니다.

천자의 검

문왕 천자의 검이란 어떤 것인가?

장자 천자의 검은 연계와 석성을 칼끝으로 삼습니다. 제나라와 태산을 칼날로 삼습니다. 진나라와 위衛나라를 칼등으로 삼습니다. 주나라와 송나라를 칼자루 테로 삼습니다. 한

나라와 위魏나라를 칼자루로 삼습니다. 사방의 이적四夷으로 검을 싸고 사계절로 감싸서 발해渤海로 두르고 상산常山을 띠로 삼아 허리에 찹니다. 오행으로 통제하고 형벌과 은덕으로 휘두르는 법을 논하고 음양으로 검을 뽑습니다. 봄여름에는 검을 지니고 가을겨울에는 검을 내려칩니다. 이 검을 쭉 뻗으면 앞에서 당할 것이 없고 들어 올리면 위에서 당할 것이 없습니다. 내려치면 아래서 당할 것이 없고 휘두르면 사방에서 당할 것이 없습니다. 이 검은 위로는 뜬구름을 끊고 아래로는 대지의 밧줄을 끊어버립니다. 이 검을 한 번 쓰면 제후들을 바로잡고 세상 모두의 복종을 얻게 됩니다. 이것이 천자의 검입니다.

문왕은 멍하니 정신이 나간 듯했습니다.

— 〈설검〉

제후의 검

문왕 제후의 검은 어떤 것인가?

장자 제후의 검은 지혜와 용기를 갖춘 인사를 칼끝으로 삼습니다. 청렴한 인사를 칼날로 삼습니다. 현명하고 선량한 인사를 칼등으로 삼습니다. 충성스럽고 훌륭한 인사를 칼자루 테로 삼습니다. 무용이 뛰어난 인사를 칼자루로 삼습니다. 이 검 역시 쭉 뻗으면 앞에서 당할 것이 없고 들어 올리면 위에서 당할 것이 없습니다. 내려치면 아래서 당할 것이 없고 휘두르면 사방에서 당할 것이 없습니다. 이 검은 위로는 둥근 하늘을 본받아 해와 달과 별의 빛을 따릅니다. 아래로는 반듯한 땅을 본받아 사계절의 변화를 따릅니다. 가운데에서는 사람들의 마음을 헤아려 모든 마을을 편하게 보살핍니다. 이 검을 한 번 쓰면 천둥 번개가 치는 듯하고 나라 안의 모든 사람들이 복종하게 됩니다. 임금의 명령에 따르지 않는 자가 없게 됩니다. 이것이 제후의 검입니다.

— 〈설검〉

서인의 검

문왕 서인의 검은 어떤 것인가?

장자 서인의 검은 쑥대처럼 머리칼을 풀어 헤쳤고 살쩍이 불쑥 올라와 있습니다. 거기다 투구를 눌러써 장식 없는 끈으로 묶고 뒤가 짧은 옷을 입습니다. 그러고는 눈을 부릅뜨고 거친 소리를 질러댑니다. 왕 앞에서 서로 검을 휘두르며, 위로는 목을 베고 아래로는 간이나 폐를 찌릅니다. 이것이 서인의 검입니다. 닭싸움과 다를 게 없습니다. 어느 날 검을 든 자의 목숨이 끊어지게 됩니다. 그러면 이 검은 나라 일에 아무 소용이 없습니다. 지금 대왕께서는 천자의 자리에 계십니다. 그런 분이 서인의 검을 좋아하십니다. 저는 마음속으로 대왕을 안타깝게 생각해왔습니다.

왕은 장자의 손을 잡고 어전으로 올라갔습니다. 요리사가 음식을 올렸으나 왕은 주위를 세 번이나 돌았습니다.

장자 대왕께서는 편히 앉으셔서 마음을 안정시키십시오. 검에 관한 이야기는 다 끝났습니다.

그날 이후 문왕은 석 달 동안 밖에 나오지 않았습니다. 검객들은 모두 그 자리에 죽은 듯이 엎드려 있었습니다.

—〈설검〉

이처럼 목숨을 걸고 감히 왕에게 직언하는 장자의 용기는 사랑에서 나온 것입니다. 노자의 말대로 '사랑하면 용감할 수 있는 것慈故能勇'입니다《도덕경》67장).

天子之劍 何如 曰 天子之劍 以燕谿石城 爲鋒 齊岱 爲鍔 晉衛 爲脊 周宋 爲鐔
韓魏 爲夾 包以四夷 裹以四時 繞以渤海 帶以常山 制以五行 論以刑德 開以陰陽
持以春夏 行以秋冬 此劍 直之無前 擧之無上 案之無下 運之無旁 上決浮雲 下絶
地紀 此劍 一用 匡諸侯 天下服矣 此 天子之劍也 文王芒然自失曰

—〈說劍〉

諸侯之劍 何如 曰 諸侯之劍 以知勇士 爲鋒 以淸廉士 爲鍔 以賢良士 爲脊 以忠
聖士 爲鐔 以豪桀士 爲夾 此劍 直之亦無前 擧之亦無上 案之亦無下 運之亦無旁
上法圓天 以順三光 下法方地 以順四時 中知民意以安四鄕 此劍 一用 如雷霆之
震也 四封之內 無不賓服而聽從君命者矣 此 諸侯之劍也

—〈說劍〉

庶人之劍 何如 曰 庶人之劍 蓬頭突鬢 垂冠 曼胡之纓 短後之衣 瞋目而語難 相
擊於前 上斬頸領 下決肝肺 此庶人之劍 無異於鬪鷄 一旦 命已絶矣 無所用於國
事 今 大王 有天子之位 而好庶人之劍 臣竊爲大王 薄之 王乃牽而上殿 宰人 上
食 王 三環之 莊子曰 大王 安坐定氣 劍事已畢奏矣 於是 文王 不出宮 三月 劍士
皆服斃 其處也

—〈說劍〉

사랑은 머리가 아니라
마음으로 하는 것입니다

　황제黃帝가 적수 북쪽을 노닐면서 곤륜산에 올랐다가 남쪽을 바라보았습니다. 그리고 돌아오는 길에 그만 검은 진주玄珠를 잃어버렸습니다. 아는 게 많은 앎知에게 진주를 찾아오라고 했으나 그는 찾지 못했습니다. 눈 밝은 이주離朱에게 진주를 찾아오라고 했으나 그는 찾지 못했습니다. 말 잘하는 끽후喫詬에게 진주를 찾아오라고 했으나 그는 찾지 못했습니다. 그래서 무심한 상망象罔에게 찾아오라고 했더니 그가 찾아왔습니다.

— 〈천지〉

아무리 아는 게 많고 눈이 밝고 말을 잘해도 검은 진주를 찾지 못했습니다. 결국 무심한 상망이 검은 진주를 찾아왔습니다. 사랑은 이와 같이 머리가 아니라 욕심 없는 마음으로 하는 것입니다.

黃帝遊乎赤水之北 登乎崑崙之丘 而南望 還歸 遺其玄珠 使知 索之而不得 使離朱 索之而不得 使喫詬 索之而不得 乃使象罔 象罔 得之

—〈天地〉

헤어지는 이유

군자의 사귐은 물처럼 담담하고 소인의 사귐은 술처럼 달콤합니다. 군자는 담담하게 친분을 이어가고 소인은 달콤함 때문에 헤어집니다.

—〈산목〉

君子之交 淡若水 小人之交 甘若醴 君子淡以親 小人甘以絶

—〈山木〉

11

오랜 인연 없이 만난 사이,
헤어지게 마련입니다

오랜 인연故 없이 만난 사이, 오래가지 못하고 헤어지게
마련입니다.

— 〈산목〉

無故以合者 則無故以離

— 〈山木〉

사랑하는 마음으론
모든 것이 사랑스럽습니다

　혜자가 양나라의 재상이 되었습니다. 장자가 그를 만나러 갔습니다. 그러자 어떤 이가 장자가 재상 자리를 탐내 이 나라에 온 것 같다고 혜자에게 말했습니다. 혜자는 두려웠습니다. 그는 삼 일 밤낮 온 나라 안을 뒤져 장자를 찾게 했습니다. 장자가 혜자를 찾아가 말했습니다.

　장자 남쪽에 원추라는 새가 삽니다. 그대도 아시지요? 원추는 남쪽 바다에서 북쪽 바다로 날아갑니다. 날아가면서 오동나무가 아니면 머물질 않습니다. 멀구슬나무 열매가 아니면 먹질 않습니다. 감로천甘露泉이 아니면 마시질 않습니다. 그런데 올빼미가 겨우 썩은 쥐를 잡아놓고서 원추가 지나가자 빼앗길까 경계하여 올려다보며 꽥 소리를 질렀답니다. 지금 그대는 양나라 재상 자리를 잡아놓고 나를 경계하며 꽥 소리를 지르는 것입니까?

장자는 혜자와 함께 호수濠水의 돌다리 위를 거닐었습니다.

장자 피라미가 한가롭게 놀고 있네요. 이것이 물고기의 즐거움이지요.

혜자 그대가 물고기가 아닌데 물고기의 즐거움을 어찌(어디서)安 안단 말입니까?

장자 그대는 내가 아닌데 내가 물고기의 즐거움을 모른다는 걸 어찌(어디서) 안단 말입니까?

혜자 나는 그대가 아닙니다. 정말 그대를 모르겠습니다. 그대도 물고기가 아닌 것이 사실입니다. 그러니 그대가 물고기의 즐거움을 모르는 것 또한 확실하지요.

장자 처음으로 돌아가 말해봅시다. 그대가 나에게 물고기의 즐거움을 어찌(어디서) 아느냐고 물었습니다. 그것은 내가 물고기의 즐거움을 알고 있다는 것을 이미 알고서 물은 것입니다. 나는 여기 호수의 돌다리 위에서 알았답니다.

—〈추수〉

아무 욕심 없는 사람인 장자는 그저 사랑하는 친구 혜자와의 만남이 즐겁기만 합니다. 자신이 즐거우니 물고기도 즐겁게 보입니다. 그런데 혜자는 장자의 속마음을 알 수 없습니다. 장자가 물고기가 즐겁게 놀고 있다고 말하자 혜자는 물고기도 아니면서 '어떻게' 물고기가 즐거운지 아닌지 아느냐고 따집니다. 여기서 '어떻게'에 해당하는 원문 한자는 '安'으로, 이 글자에는 '어떻게'라는 뜻도 있지만 '어디에'라는 뜻도 있습니다. 장자는 '安'이라는 말을 '어떻게' 대신 '어디서'로 받아 여기 다리 위에서 알았다며 농을 합니다. 즐거운 마음으론 모든 것이 즐겁습니다. 사랑하는 마음으론 모든 것이 사랑스럽습니다.

惠子相梁 莊子往見之 或謂惠子曰 莊子來 欲代子相 於是 惠子恐 搜於國中 三日三夜 莊子往見之曰 南方有鳥 其名 爲鵷鶵 子知之乎 夫鵷鶵 發於南海 而飛於北海 非梧桐 不止 非練實 不食 非醴泉不飮 於是 鴟得腐鼠 鵷鶵過之 仰而視之 曰嚇 今子欲以子之梁國 而嚇我邪
莊子與惠子 遊於濠梁之上 莊子曰 儵魚出遊從容 是魚之樂也 惠子曰 子非魚 安知魚之樂 莊子曰 子非我 安知我不知魚之樂 惠子曰 我非子 固不知子矣 子固非魚也 子之不知魚之樂 全矣 莊子曰 請循其本 子曰 汝安知魚樂云者 旣已知吾知之而問我 我知之濠上也

―〈秋水〉

316

사랑스러운 추녀

양주가 송나라의 한 여관에 머물게 되었습니다. 여관 주인에게 첩이 둘 있었는데 한 명은 미녀이고 다른 한 명은 추녀였습니다. 그런데 추녀가 귀여움을 받고 미녀가 미움을 받고 있었습니다.

양주가 그 까닭을 묻자 여관 주인이 말했습니다. "예쁜 여자는 스스로 예쁜 줄 아니 예뻐 보이지 않더군요. 못생긴 여자는 스스로 못생긴 줄 아니 못생겨 보이지 않더군요."

양주가 제자들에게 말했습니다. "기억해두어라. 훌륭해도 스스로 훌륭하다 하지 않으면 어디 간들 사랑받지 않겠느냐?"

— 〈산목〉

陽子之宋 宿於逆旅 逆旅人 有妾二人 其一人 美 其一人 惡 惡者貴而美者賤 陽
子問其故 逆旅小子 對曰 其美者 自美 惡不知其美也 其惡者 自惡 吾不知其惡也
陽子曰 弟子 記之 行賢而去自賢之行 安往而不愛哉

—〈山木〉

돌봄

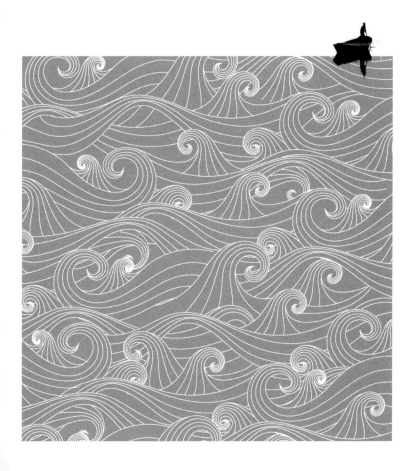

정치란 바르게政 돌보는治 것입니다

'바르게 함政'을 함께 즐기는 것이 정政입니다. '돌봄治'을 함께 즐기는 것이 치治입니다.

— 〈양왕〉

樂與政爲政 樂與治爲治

— 〈讓王〉

폭정으로 가는 길

지금은 어지러운 틈을 타 바르게 한답시고 위에서는 모략을 꾸미고 밑에서는 뇌물을 바치고 있습니다. 군대를 믿고 힘을 유지하기 위해 희생양을 바쳐 그 피로 맹세하는 것이 믿음이라고 생각하고 있습니다. 행동을 통해 사람들을 기쁘게 하고, 사람을 죽이고 남의 나라를 정벌해서 이득을 취할 것을 요구하고 있습니다. 이는 혼란을 틈타 폭정으로 가는 것입니다.

— 〈양왕〉

見殷之亂 而遽爲政 上謨而下行貨 阻兵而保威 割牲而盟 以爲信 揚行以悅衆 殺伐以要利 是推亂以易暴也

— 〈讓王〉

도덕과 형벌이 왜 생겼을까?

순수한 사람至人은 사랑과 정의仁義 그리고 예와 악禮樂을 버립니다. 그의 관심은 왜 이런 걸(사랑과 정의, 예와 악) 정했을까에 있습니다.

—〈천도〉

순수한 사람은 도덕규범이 지켜지지 않는 세상이 아니라 도덕규범이 필요한 세상을 걱정합니다.

退仁義 賓禮樂 至人之心 有所定矣

—〈天道〉

세상을 돌보는 방법(1)

세상을 돌보는 가장 좋은 방법은 '꾸미지 않는 것無爲'입니다. 세상을 꾸밈없이 돌보면 사람들이 타고난 모습 그대로 편안하게 살아갈 수 있습니다. ……

자신의 총명함을 드러내지 않는 사람은 죽은 것처럼 가만히 있어도 용처럼 보이고 연못처럼 조용히 있어도 천둥소리를 내고 귀신처럼 없는 듯 움직여도 세상이 그를 따릅니다. 내가 꾸미지 않아도 모든 것이 나름대로 살아갑니다. 내가 새삼 세상을 돌볼 틈이 어디 있겠습니까?

— 〈재유〉

臨莅天下 莫若無爲 無爲也而後 安其性命之情……無擢其聰明 尸居而龍見 淵黙而雷聲 神動而天隨 從容無爲而萬物炊累焉 吾又何暇治天下哉

— 〈在宥〉

새는 새를 키우는 법으로
키워야 합니다

옛날에 바닷새가 노나라 교외에 날아들었습니다. 노나라 임금이 그 새를 맞아 종묘에서 주연을 베풀고 요나라 임금의 음악인 구소九韶를 연주하고 소고기, 돼지고기, 양고기가 모두 들어간 요리를 주었습니다. 바닷새는 어리둥절하고 두렵고 슬퍼했습니다. 그러다가 결국 고기 한 점 먹지 않고 술 한 잔 마시지 않은 채 사흘 만에 죽고 말았습니다.

이는 임금이 자기 사는 법으로 새를 키웠지, 새를 키우는 법으로 키우지 않았기 때문입니다. 새를 키우는 법으로 새를 키운다는 것은 새가 깊은 숲에 깃들고 넓은 들에서 놀고 강이나 호수 위를 떠다니며 마음대로 먹이를 잡아먹고 제 무리를 따라 만족스럽게 살도록 그냥 내버려두는 것이겠지요.

— 〈달생〉

昔者 有鳥 止於魯郊 魯君 說之 爲具太牢以饗之 奏九韶以樂之 鳥乃始憂悲眩視 不敢飮食 此之謂以己養 養鳥也 若夫以鳥養 養鳥者 宜棲之深林 浮之江湖 食之 以委蛇則 平陸而已矣

—〈達生〉

잘 살게 하려면

　잘 살게 하려면 일을 벌려 괴롭히지 않으면 됩니다. 그러
면 편안하게 살 수 있습니다. …… 물고기는 강호에서 서로
를 잊고 살고 사람은 서로 간에 '어디로 가나', '어떻게 하나'
하는 생각을 잊고 살면 됩니다.

─〈대종사〉

相造乎道者 無事而生定……魚相忘乎江湖 人相忘乎道術

─〈大宗師〉

해치는 것을 없애주기만 하면
됩니다

세상을 돌보는 일이나 말馬을 돌보는 일이나 뭐 그리 다르
겠습니까? 그저 말을 해치는 것을 없애주기만 하면 됩니다.

— 〈서무귀〉

爲天下者 亦奚以異乎牧馬者哉 亦去其害馬者而已矣

— 〈徐无鬼〉

세상사에 통하는 것을
부끄럽게 여깁니다

'왕의 본래 모습王德'을 지닌 사람은 소박하게 살아갑니
다. 그는 세상사에 통하는 것을 부끄럽게 여깁니다恥通於事.
그의 앎은 마음과 통합니다知通於神. …… 그는 어둠 속에서
도 볼 수 있고 고요 속에서도 들을 수 있습니다. 캄캄한 어
둠 속에서 홀로 새벽을 보고, 소리 없는 고요 속에서 홀로
화목함을 듣습니다. 깊고도 깊어 모두 다 보살필 수 있습니
다. 마음을 다해 세심하게 돌볼 수 있습니다. 그 어떤 것을
대하더라도 아무것도 없으면서도 그들이 원하는 것을 베풀
어줍니다. 시간을 뚫고 달려온 말이 쉴 곳을 찾으면 크든 작
든, 길든 짧든, 아주 먼 곳이라도 말을 위해 쉴 곳을 마련해
줍니다.

— 〈천지〉

夫王德之人　素逝而恥通於事　立之本原而知通於神……視乎冥冥　聽乎無聲　冥冥之中　獨見曉焉　無聲之中　獨聞和焉　故　深之又深而能物焉　神之又神而能精焉　故其與萬物接也　至無而供其求　時騁而要其宿　大小長短脩遠

—〈天地〉

330

09

세상을 돌보는 방법(2)

담담한 무욕의 경지에서 마음을 놀게 하십시오. 그리고 적막함 속에서 흐름氣과 함께하십시오. 뭐든 저절로 되는 대로 따르고 사사롭게 받아들이지 마십시오. 그러면 세상이 보살펴질 것입니다.

— 〈응제왕〉

汝遊心於淡 合氣於漠 順物自然而無容私焉 而天下治矣

— 〈應帝王〉

이런 정치를
온 세상에 펼칠 수 있을까요?

문왕이 장臧이라는 고장을 돌아보다가 한 노인이 낚시하
고 있는 것을 보았습니다. 뭔가 낚은 것 같지도 않고 낚이기
를 기다리는 것 같지도 않았습니다. 그러나 뭔가 낚으려는
것이 있는지 계속 낚시질을 하고 있었습니다. 문왕은 그를
등용하여 정사를 맡기고 싶었습니다. ······

이 노인이 영입되어 국정을 맡게 되었습니다. 그는 법을
바꾸지도 않고 새로운 관리를 임명하지도 않았습니다. 삼
년 후 문왕이 나라를 돌아보았습니다. 정치인들의 파벌 싸
움이 없어졌고 관리들은 자기 공이라고 내세우지 않았고
뒷박질로 인한 경제적 갈등도 찾아보기 어려웠습니다.

정치인들의 파벌 싸움이 없어졌다는 것은 함께하는 것을
존중하게 되었다는 것입니다. 관리들이 자기 공이라고 내
세우지 않았다는 것은 일을 함께 했다는 것입니다. 뒷박질
로 인한 경제적 갈등을 찾아보기 어려웠다는 것은 제후들

이 딴마음을 먹지 않았다는 것입니다. 그러자 문왕이 노인을 '큰 스승太師'으로 받들어 신하의 입장에서 물었습니다. "이런 정치를 온 세상에 펼칠 수 있을까요?"

노인은 멀뚱멀뚱 아무 말도 하지 않고 그렁저렁 거절하는 듯했습니다. 그는 아침에 왕의 명령을 받고는 밤에 사라져버렸습니다. 이후 그에 대해 아무런 소식도 들을 수 없었습니다.

— 〈전자방〉

文王 觀於臧 見一丈夫釣 而其釣莫釣 非持其釣 有釣者也 常釣也 文王 欲擧而授
之政……遂迎臧丈人而授之政 典法 無更 偏令 無出 三年 文王 觀於國 則列土壞
植散群 長官者 不成德 鈇鉥 不敢入於四竟 列士壞植散群 則尙同也 長官者 不
成德 則同務也 鈇鉥 不敢入於四竟 則諸侯無二心也 文王於是焉 以爲太師 北面
而問 曰 政可以及天下乎 臧丈人 昧然而不應 泛然而辭 朝令而夜遁 終身無聞
— 〈田子方〉

벼슬이나 녹봉 따위가
어떻게 그를 바꿀 수 있겠습니까?

견오가 손숙오에게 물었습니다.

견오 그대는 세 번 초나라 재상이 되었어도 영화로 여기지
않았고 세 번 그 자리를 그만두고도 서운한 기색이 없었습
니다. 나는 처음엔 그것이 그대의 진심은 아닐 거라고 의심
했습니다. 이제 그대를 코앞에서 보니 나비 한 마리가 훨훨
날아가고 있습니다. 도대체 어떻게 그런 마음가짐을 가질
수 있는 것입니까?

손숙오 내가 남보다 나은 게 뭐가 있겠습니까? 나는 오는
것 막지 않고 가는 것 잡지 않습니다. 얻고 잃은 것은 나에
게 달린 것이 아니라고 생각합니다. 그래서 서운한 기색이
없었던 것입니다. 내가 남보다 나은 게 뭐가 있겠습니까?
게다가 나는 영화가 재상 자리에 있었던 것인지 나에게 있
었던 것인지 정말 모르겠습니다. 영화가 재상 자리에 있는

거라면 나에겐 아무 의미도 없는 것이고 영화가 나에게 있는 거라면 재상 자리와는 아무 상관이 없는 것입니다. 이제부터 느릿느릿 여유롭게 다니면서 여기저기를 돌아보렵니다. 누가 귀한 자리를 차지했고 누가 천한 자리에 있는지 생각할 겨를이 있겠습니까?

—〈전자방〉

肩吾問於孫叔敖曰 子三爲令尹而不榮華 三去之而無憂色 吾始也 疑子 今視子之鼻間 栩栩然 子之用心 獨奈何 孫叔敖曰 吾何以過人哉 吾以其來 不可却也 其去不可止也 吾以爲得失之非我也 而無憂色而已矣 我何以過人哉 且不知其在彼乎其在我乎 其在彼邪 亡乎我 在我邪 亡乎彼 方將躊躇 方將四顧 何暇 至乎人貴人賤哉

—〈田子方〉

세상을 돌보는 사람이 욕심이 없으면
모두가 만족합니다

옛날에는 세상을 돌보는 사람이 욕심이 없어서 모두가 만족했습니다. 그가 억지로 하지 않아도 안 되는 게 없었습니다. 그가 연못처럼 고요해서 모두들 편안했습니다.

— 〈천지〉

古之畜天下者 無欲而天下足 無爲而萬物化 淵靜而百姓定

— 〈天地〉

마음으로 하는 철학

1. 매력적인 책《장자》

아름답고 뭔가 마음을 끄는 힘을 매력이라고 합니다. 당나라의 현종은《장자》에 매혹되어 '남화진경南華眞經(남방의 아름답고 천진스러운 책)'이라는 아름다운 이름을 붙여주었습니다. 프랑스 철학자 라캉은 중국인 선생과 3년 동안《장자》를 읽고 나서 "난 이제 뭘 하지?"라고 말할 정도로《장자》의 매력에 빠졌습니다. 미국의 가톨릭 신부 토머스 머턴도《장자》를 읽으면서 '장자는 나 같은 사람'이라고 할 정도로《장자》의 매력에 푹 빠졌습니다. 이들이《장자》라는 책에 이토록 끌렸던 이유는 뭘까요? 도대체《장자》의 매력 포인트가 무엇일까요?

(1) 아름다운 책《장자》

《장자》라는 책은 채우고 버리고 다시 채우고 다시 버리는 글쓰기를 보여줍니다. 이것을 장자는 '치언巵言'이라고 했습니다. '치巵'는 술잔이라는 뜻이고, '치언'은 잔을 채우고 비우고 다시 채우는 글쓰기라는 의미입니다. 치언은 내 말이 옳다는 것을 주장하거나 논증하기 위한 글쓰기가 아니라 내가 하는 말에 갇히지 않고 내 말을 열어놓는 글쓰기 방식입니다. 내가 한 말이 옳다고 여기며 거기에 매이지 않는다는 것입니다. 그래서 쓰고 나서 버리고, 다시 쓰고 버립니다. 이런 글쓰기 방식은 자연을 닮았습니다.

장자가 이런 글쓰기를 한 것은 자연의 생명력을 다 발휘하기 위해서였다고 합니다. 그래서인지 《장자》라는 책은 누구라도 들어와 놀 수 있는 행간이 넓습니다. 그 행간에는 놀면서 자신을 비춰볼 수 있는 맑은 거울이 있습니다. 머턴은 바로 이 거울에 자신을 비춰보면서 장자가 자기 같은 사람이라고 느낄 수 있었던 것이 아닐까요? 우리 안에는 여러 모습의 내가 살고 있습니다.《장자》의 맑은 거울은 나를 잘 비춰 보여줍니다. 나의 모습을 가장 잘 드러내 보여주는 책, 이것이《장자》라는 책이 아름답고 매력적인 이유가 아닐까요?

《장자》는 우리의 모습을 그대로 비춰주어 자신은 물론 자신의 운명까지도 사랑하도록 마음에 생명을 불어넣어 줍니다. 2,400년 동안 많은 사람들이 《장자》에 자신을 비춰보았습니다. 그리고 앞으로도 그럴 것입니다. 이것이 《장자》를 읽고 또 읽는 이유입니다.

우리는 자신을 비춰볼 수 있는 사람에게서 아름다움과 매력을 느낍니다. 《장자》〈덕충부〉에는 정말 못생긴 남자, 그러나 정말 매력적인 남자의 이야기가 나옵니다. 그 남자는 애태타哀駘它, 즉 '못생긴駘 슬픈哀 낙타它'라는 이름으로 불릴 정도로 못생겼습니다. 그런데도 그에게 시집가겠다는 여자들이 줄을 서고, 남자들도 그를 한번 만나보면 그를 떠나려 하지 않았습니다. 도대체 이 남자에게 어떤 매력이 있었을까요? 애태타는 자기주장도 없고 아는 것도 별로 없고 남들을 위해 뭘 해줄 권력도 돈도 없는 사람입니다. 게다가 아주 못생겼습니다. 노나라 애공도 그에게 마음이 끌려 그를 재상으로 삼고 싶어 했습니다. 그러자 애태타는 떠나고 애공은 실연당한 사람처럼 모든 기쁨을 잃고 말았습니다.

애공의 마음을 이토록 사로잡은 애태타는 도대체 어떤 사람일까요? 그는 "바탕이 온전하면서도 본래 모습을 드러내지 않는 사람才全而德不形者"입니다. '바탕이 온전한才全' 사람이기에 죽음과 삶, 생존과 소멸, 성공과 실패, 가난과 부유함, 현명함과 어리석음, 비방과 칭찬, 배고픔과 목마름, 추위와 더위, 이런 것들로 온화한 마음을 어지럽히지 않습니다. 그는 마음을 열고 온화함을 즐기는 사람, 기쁨을 잃지 않는 사람, 그 무엇을 만나든 마음이 봄처럼 새록새록 살아나는 사람입니다. 그는 마음이 흔들리지 않아 고요한 물과 같습니다. 그래서 사람들이 그에게서 떠나지 못하는 것입니다.

고요한 물과 같아서 사람들이 자기 모습을 맑게 비춰볼 수 있는 그런 거울 같은 사람, 겉모습은 못생겼지만 아름다운 매력남인 애태타. 그는 바로 《장자》의 모습이기도 합니다. 자신을 비춰볼 수 있는 책, 바로 《장자》가 아름답고 매력적인 이유입니다. 게다가 애태타가 왜 노 애공을 떠난 것인지 알 수 없듯이 《장자》라는 책도 무슨 말을 하는 것인지 그 속을 알기가 어렵답니다.

(2) 알 수 없는(?) 책 《장자》

무슨 말인지 알기 어렵다는 것이 《장자》의 또 다른 매력입니다. 매력이란 원래 뭔가 잘 알 수 없는 것에서 더 강력하게 느껴지게 마련입니다. 너무 확실하고 분명한 것은 이미 다 드러나 있기 때문에 더 이상 호기심을 자극하지 않습니다. 미지의 것이 있을 때 알고 싶은 끌림이 생기는 법이지요. 무슨 뜻인지 분명하게 드러나지 않아 《장자》에 대한 해석이 계속 이어집니다. 무슨 뜻인지 쉽게 알 수 없어서 독자만의 창조적 읽기가 가능합니다. 이것이 《장자》의 또 하나의 매력 포인트입니다.

왜 이렇게 《장자》 읽기가 쉽지 않은 걸까요? 읽기 어려운 책이라면, 논리가 복잡하거나 내용이 심오해서 어려운 것일 수도 있습니다. 그러나 대부분의 경우 내용이 익숙하지 않거나 불편해서 어렵게 느껴지는 것입니다. 내용이 익숙하지 않고 불편한 것은 그 내용이 이미 굳어진 생각이나 감각과 거리가 있기 때문입니다. 우리의 편견이나 선입견, 기성관념, 지배 담론과는 다른 이야기를 하고 있기 때문입니다. 다르다는 것은 새롭다는 것이고, 새로운 이야기이기에 어려운 것입니다. 《장자》는 새로운 이야기를 하고 있습니다. 장자의 새로운 이야기란 바른 이야기입니다.

장자의 시대에는 바른말을 하기가 어려웠다고 합니다. 마지막 편 〈천하〉에서 장자는 이렇게 말합니다.

나는 세상이 혼탁해졌다고 생각했습니다. 그렇다 보니 바른말을 하기가 어려웠습니다. 그래서 치언으로 끝없이 바꾸고 다르게 말해보았습니다. 중언重言으로 진실을 말했습니다. 우언寓言으로 폭넓게 말했습니다.

바른말 하기 어려운 세상이라 장자에게는 자신만의 글쓰기 방식이 필요했습니다. 그가 구사한 글쓰기 방식은 세 가지입니다. 우화의 방식인 '우언', 옛사람의 말을 빌려 하는 방식인 '중언', 그리고 앞서 말한 장자만의 독특한 방식인 '치언'입니다. 장자의 말대로 치언, 우언, 중언은 끝없이 이야기를 바꾸면서 넓고 진실하게 말하는 방식입니다. 그래서인지 장자의 이야기는 그의 친구 혜자가 보기에도 쓸모없이 크기만 한 박이나 나무처럼 황당한 것이었습니다(〈소요유〉).

익숙해진 생각이나 논리의 잣대로 《장자》를 들여다보면 황당하기 짝이 없습니다. 논리의 정합성이나 정확하고 불변하는 진리를 찾고자 하는 작은 이성주의자들의 입장에서는 《장자》를 이해할 수 없습니다. 그들에게는 《장자》가 알 수 없는 황당한 이야기로밖에 들리지 않습니다. 그리고 장자 스스로도 자신이 터무니없는 말, 황당한 말, 밑도 끝도 없는 말을 제멋대로 했다고 말합니다(〈천하〉). 장자의 터무니없는 말, 황당한 말, 밑도 끝도 없는 말들이 음악이 되어 흐릅니다.

2.《장자》교향곡

《장자》〈천운〉에는 황제黃帝가 만든 음악인 '함지咸池 교향
곡'(《장자》 원문에는 '함지'라고만 되어 있는데 옮긴이가 이렇게 제
목을 붙여보았습니다)에 대한 이야기가 나옵니다. 음악을 글
로 소개하는 일종의 음악 평론으로, 그 음악을 만들고 연주
한 황제가 자신의 곡을 설명하는 내용입니다. 이 글을 읽다
보면 마치《장자》교향곡을 듣고 있는 듯한 느낌에 빠져듭
니다. 먼저 이 글을 읽어보겠습니다. 소제목은 옮긴이가 임
의로 붙인 것입니다.

　북문성이 황제에게 말했습니다. "제왕께서는 동정의 들판에
서 함지 교향곡을 연주하셨습니다. 제가 처음 그 음악을 들었
을 때는 두려웠습니다. 그런데 계속 듣다 보니 느긋해졌습니
다. 그러다가 마지막에는 뭐가 뭔지 모르게 되었습니다. 정신
이 없고 말도 나오지 않았습니다. 그만 저 자신을 찾을 수 없었
습니다."

함지 교향곡 1악장─두려움
　황제가 말했습니다. "아마 그랬을 것입니다. 나는 사람의 마
음으로 연주하고 자연의 흐름으로 조율했습니다. 예의를 가지

고 나아가고 자연의 순수함으로 악기를 탔습니다. 사계절이 바뀌면서 만물이 그에 따라 생겨나듯이 음악 소리가 높아지기도 하고 낮아지기도 하면서 부드러운 소리와 강한 소리가 균형을 맞추고, 맑게도 탁하게도 음과 양이 어울리면서 그 소리가 빛이 되어 흐릅니다. '겨울잠 자던 벌레가 깨어나기 시작했겠지. 천둥소리로 놀라게 했나요?' 끝나는 데 꼬리가 없고, 시작에 머리도 없고, 죽었다 살았다 엎어졌다 일어났다 끊임없이 이어집니다. 어디에서 시작하고 어디에서 마치는지 아무도 모릅니다. 그래서 그대가 두려워한 것입니다."

함지 교향곡 2악장—느긋함

황제가 말했습니다. "나는 음과 양의 어울림으로 연주하고 해와 달의 밝음으로 비추었습니다. 그랬더니 소리를 짧게도 길게도 부드럽게도 강하게도 할 수 있었습니다. 모두가 달라지면서도 모두가 하나가 되었습니다. 옛 가락에 갇히지 않았습니다. 골짜기를 만나면 골짜기를 채우고 웅덩이를 만나면 웅덩이를 채웠습니다. 틈을 메우고 신비함을 지켜 만물을 따랐을 뿐입니다. 그랬더니 그 소리가 너그럽게 울려 퍼지고 그 이름도 드높이 빛나더이다. 귀신은 어둠을 지키고 해와 달과 별들은 제 길 따라 돌아가고 있겠지요. 하지만 나는 한곳에 머물기도 하고 끝없이 흐르기도 합니다. 그대가 아무리 생각해도 알 수 없었을 것입니다. 그대가 아무리 보려 해도 보이지 않았을 것입니다. 그대가 아무리 잡으려 해도 잡을 수 없었을 것입니다. 사방이 트인 '자연스러운 길道'에 멍청하게 서 있거나 책상 앞에 앉아 끙끙대고 있었겠지요. 알고 싶은 것만 알려고 했겠지요. 보고 싶은 것만 보려고 했겠지요. 잡고 싶은 것만 잡으려고 했겠지요. 나도 아직 그렇습니다. 그런데 음악을 들으며 마음을 비우게 되니 욕심이 없어진 것입니다. 욕심이 없어져 그대가 느긋해진 것입니다."

함지 교향곡 3악장—'뭐지?'

황제가 말했습니다. "나는 다시 지칠 줄 모르는 소리로 연주하고 자연스러운 리듬에 맞춰 따라갔습니다. 모든 것들이 떨기로 자라듯 뒤섞이고 무성한 수풀처럼 어우러지지만 아무것도 드러내지 않지요. 널리 울려 퍼지는데 끌고 가는 게 없고, 그윽한 어둠 속에서 소리가 없고, 움직이지만 가려는 곳이 없고, 그윽한 곳에 고요히 머뭅니다. 죽었다고도 하고 살았다고도 하고 열매라고도 하고 꽃이라고도 합니다. 흐르고 흩어지고 한 소리에 매이지 않습니다. 세상 사람들은 의심스러워 성인에게 묻곤 합니다. 성인은 본 모습을 잘 알고 있어 운명을 따를 뿐입니다. 자연의 작용이 드러나지 않아도 우리는 모든 감각으로 자연을 느낍니다. 이것이 '자연의 즐거움天樂'. 말은 없어도 마음은 즐겹습니다. 그래서 유염씨도 이렇게 노래했습니다.

들으려 해도 들리지 않아.
보려 해도 보이지 않아.
온 세상 가득히 모든 곳
육극을 감싸주는데

그대도 들으려 했지만 들리지 않았던 것입니다. 그래서 '뭐지?'라고 했던 것입니다. 뭐가 뭔지 몰랐던 것입니다. 내 음악은 두려움에서 시작됩니다. 그러나 두려우면 탈이 생기지요. 그래서 다음엔 느긋하게 연주했습니다. 느긋해지면 두려움이 사라집니다. 그러고 나서 '뭐지?'로 마지막을 장식했습니다. 뭐가 뭔지 모르면 어수룩해지거든요. 어수룩해지는 게 바로 '자연스러운 길'입니다. 이 길에 몸을 싣고서 함께할 수 있는 것입니다."

이처럼, 북문성이 황제가 지은 함지 교향곡을 듣고서 처음엔 두려웠다가 점점 느긋해지더니 나중엔 뭐가 뭔지 모르게 되었다고 말하자 황제가 그 이유를 말해줍니다.

(1) 《장자》 1악장 ─ 두려움

끝나는 데 꼬리가 없고, 시작에 머리도 없고, 죽었다 살았다 엎어졌다 일어났다 끊임없이 이어집니다. 어디에서 시작하고 어디에서 마치는지 아무도 모릅니다. 그래서 그대가 두려워한 것입니다.

황제가 함지 교향곡에 대해 이렇게 말한 것처럼 《장자》 또한 머리로 이해하려 하면 뭐가 뭔지 알 수 없습니다. 《장자》야말로 함지 교향곡 1악장과 같이 뭐가 뭔지 알 수 없는 두려움으로 시작됩니다. 논리의 일관성도 없고, 상식적인 생각을 뒤집어버리는 이야기들이 펼쳐지기 때문입니다. 세상에서 가장 슬픈 일은 마음이 죽어가는 것이라고 합니다. 그런데 마음이 죽어가는 이유가 옳고 그름을 따지는 데 있다고 합니다. 맹자는 시비 판단이 앎의 시작이라고 했고, 철학 philosophy이라는 말도 '앎 sophie을 사랑한다 philia'는 의미인데 말입니다. 그렇다면 장자는 2,400년 전에 요즘 말하는 철학의 종말을 선언한 것인가요?

장자는 앎을 추구하는 것이 위험하다고 말합니다. 그리고 앎이 전쟁 무기라고 말합니다. 심지어 많이 배운 사람, 훌륭하다는 사람을 떠받드는 세상은 사람이 사람을 잡아먹는 세상이 될 거라고 경고합니다(〈경상초〉). 경상초의 이 이야기를 듣고서 제자 남영주는 기겁합니다. 결국 경상초의 소개로 정신없이 노자를 찾아가 도대체 어떻게 살아야 하느냐고 물었을 정도입니다. 우리는 지금도 잘 살기 위해서는 많이 알아야 한다고 배우고 있습니다. 그리고 남보다 잘난 사람이 되어야 한다고 생각합니다. 그런데 장자는 많이 배우고 잘난 사람을 대접하는 세상은 사람이 사람을 잡아먹는 세상이 될 거라고 합니다. 그런 세상에서 모두 길을 잃고 헤매고 있다고 합니다.

또한 《장자》〈추수〉에는 다음과 같은 이야기가 나옵니다. 당대 최고 지식인이라고 자부했던 공손룡이 장자의 이야기를 듣고 멍해져 도무지 뭐가 뭔지 모르겠다고 위나라 공자 모牟에게 털어놓습니다.

저는 어려서 선왕의 도를 배웠고 커서는 인의의 행동을 알게 되었습니다. 합동이合同異, 이견백離堅白, 연불연然不然, 가불가可不可, 이런 논의로 많은 지식인들과 대중의 변론을 궁지로 몰아넣기도 했습니다. 저 스스로 최고라고 자부해왔습니다. 그런데 요즘 장자의 말을 들으니 멍합니다. 뭐가 뭔지 모르겠습니다. 제 논의가 그만 못한 것인지, 아니면 제가 아는 게 그와 다른 것인지 모르겠습니다. 이제는 입도 뻥긋하지 못하겠습니다.

어쩌면 좋겠습니까?

그러자 공자 모가 자기가 사는 우물 안이 세상의 전부인 줄 알던 개구리가 동해의 자라에게 바다라는 넓디넓은 세계에 대한 이야기를 듣고 깜짝 놀라는 '우물 안 개구리' 이야기를 해주고는 공손룡에게 이렇게 말합니다.

우물 안 개구리는 이 말을 듣고 너무 놀라 그만 얼이 빠져버렸습니다. 그대가 아는 것으로는 옳고 그름의 한계를 알 수 없을 것입니다. 그러면서 장자의 말을 이해하려는 것은 모기가 산을 짊어지고 노래기가 황하를 달리기를 기대하는 것이나 마찬가지입니다. 감당하기 어렵습니다. 그대가 아는 것으로는 장자의 지극히 오묘한 말에 대해 논할 수 없습니다. …… 장자는 땅 속 끝黃泉까지 발을 들여놓고 하늘 끝大皇까지 오르려 합니다. 남쪽도 없고 북쪽도 없습니다. 사방에서 완전히 벗어나 짐작도 할 수 없는 깊은 경지에 머물러 있습니다. 동쪽도 없고 서쪽도 없습니다. 그윽함玄冥에서 시작해서 '모든 것이 통하는 하나의 경지大通'로 돌아가고 있습니다. 그런데 그대는 그런 것을 분석하고 변론으로 찾아내려 합니다. 이는 대롱 구멍으로 하늘을 엿보고 송곳을 땅에 박아 깊이를 재려는 것과 같습니다. 정말 보잘것없는 일이 아니겠습니까? 어서 돌아가세요. 수릉

에 사는 한 젊은이가 조나라 수도 한단에 가서 대도시의 걸음
걸이를 배웠다는 이야기를 들어보신 적이 있지요? 그는 그 나
라 걸음걸이를 제대로 배우기도 전에 옛 걸음걸이마저 잊어버
렸습니다. 그래서 기어서 고향으로 돌아갈 수밖에 없었습니다.
그대가 지금 떠나지 않는다면 옛날 걸음걸이마저 잊어버려,
하던 일마저 잃게 될 것입니다.

그러자 "공손룡은 입이 다물어지지 않고 혀가 올라붙어
내려오지 않았습니다. 그는 결국 달아나고 말았습니다". 공
손룡이 달아난 것도 두려움 때문이 아니었을까요?
그러나 《장자》의 음악을 계속 듣다 보면 두려움이 사라지
고 편안해집니다. 처음에 불편하고 낯설었던 것이 계속 듣
다 보면 뭔가 불편하면서도 편안하고 낯설면서도 익숙해집
니다. 《장자》 그늘에서 낮잠을 자고 있는 듯 느긋해집니다.

큰 앎은 한가롭지만 작은 앎은 따집니다. 큰 말은 담담하지
만 작은 말은 수다스럽습니다. ―〈제물론〉

(2) 《장자》 2악장―느긋함

알고 싶은 것만 알려고 했겠지요. 보고 싶은 것만 보려고 했

겠지요. 잡고 싶은 것만 잡으려고 했겠지요. 나도 아직 그렇습니다. 그런데 음악을 들으며 마음을 비우게 되니 욕심이 없어진 것입니다. 욕심이 없어져 그대가 느긋해진 것입니다.

음악을 들으면서 듣고 싶은 것만 듣거나 듣고 싶은 대로 들을 수는 없습니다. 음악을 들으면서 옳고 그름을 따지거나 판단하며 들을 수는 없습니다. 그저 들리는 대로 듣게 됩니다. 음악을 듣는 동안이라도 우리는 작은 앎에서 벗어나 마음을 비우게 됩니다. 마음을 비우게 되니 욕심이 없어지고 느긋해집니다.

《장자》〈양생주〉에는 포정의 이야기가 나옵니다. 포정의 소 잡는 모습이 마치 음악에 맞추어 춤을 추는 듯했습니다. 문혜군이 이 모습을 보면서 어떻게 살아야 하는지를 깨달았다고 합니다. 아마도 자연의 결을 따라 소를 잡는 모습에서 욕심 없이 자연의 흐름에 따라 느긋하게 사는 법을 배운 것이겠지요. 이것은 함지 교향곡에 대한 황제의 다음과 같은 언급과 통합니다.

옛 가락에 갇히지 않았습니다. 골짜기를 만나면 골짜기를 채우고 웅덩이를 만나면 웅덩이를 채웠습니다. 틈을 메우고 신비함을 지켜 만물을 따랐을 뿐입니다. 그랬더니 그 소리가 너

그렇게 울려 퍼지고 그 이름도 드높이 빛나더이다. 귀신은 어둠을 지키고 해와 달과 별들은 제 길 따라 돌아가고 있겠지요. 하지만 나는 한곳에 머물기도 하고 끝없이 흐르기도 합니다.

보통 사람들은 고달픈 인생을 한탄하고 죽음을 두려워합니다. 그런데 《장자》를 읽다 보면 고달픈 게 고달프지 않고 두려운 게 두렵지 않습니다. 어떤 상황에서도 담담한 즐거움을 느끼게 되고 가난이나 죽음도 편하게 받아들이게 됩니다. 모든 두려움이 사라지고 느긋해집니다. 《장자》의 음악을 들으면 죽어가는 마음이 다시 살아나 귀하고 천한 차별 없이 모두가 하나가 됩니다. 함지 교향곡에 대한 황제의 다음과 같은 언급처럼 말입니다.

나는 음과 양의 어울림으로 연주하고 해와 달의 밝음으로 비추었습니다. 그랬더니 소리를 짧게도 길게도 부드럽게도 강하게도 할 수 있었습니다. 모두가 달라지면서도 모두가 하나가 되었습니다.

엉켜 있던 마음결이 가지런해지고 탐욕으로 막혀 있던 마음이 열립니다.

(3) 《장자》 3악장 — '뭐지?'

자연의 작용이 드러나지 않아도 우리는 모든 감각으로 자연을 느낍니다. 이것이 '자연의 즐거움天樂'. 말은 없어도 마음은 즐겁습니다. 그래서 유염씨도 이렇게 노래했습니다.

들으려 해도 들리지 않아.
보려 해도 보이지 않아.
온 세상 가득히 모든 곳
육극을 감싸주는데

그대도 들으려 했지만 들리지 않았던 것입니다. 그래서 '뭐지?'라고 했던 것입니다. 뭐가 뭔지 몰랐던 것입니다.

함지 교향곡에 대한 황제의 이러한 설명은 무엇을 말하는 것일까요? 음악에 심취하게 되면 안다는 차원을 넘어 감각으로 느끼게 됩니다. 뭐가 뭔지 알 수 없습니다. 딱히 뭐라고 말할 수 없지만 즐겁습니다. 즐거우면 욕심이 없어집니다. 욕심이 없어지면 마음이 느긋해지면서 모든 것을 있는 그대로 받아들이게 됩니다. 옳다 그르다, 좋다 나쁘다, 귀하다 천하다 하는 판단을 넘어서게 됩니다. 심지어 나 자신마

저 잊게 됩니다. 그러니 내 것이라는 생각이나 이익이니 손해니 쓸모니 하는 생각이 있을 리 없습니다. 뭔가 손해 보는 것 같지만 그렇지가 않고, 뭔가 잃는 것 같지만 그렇지가 않습니다. 그래서 〈천지〉와 〈산목〉에 다음과 같은 이야기가 나오는 것입니다.

순수한 보습 그대로인 세상至德之世에서는 현자를 받들지도 않았고 능력자를 쓰지도 않았습니다. 위에 있는 사람은 그저 높은 나뭇가지처럼 있을 뿐이었고 사람들은 들판의 사슴 같았습니다. 사람들은 단정하면서도 그러는 것이 옳다는 생각 따위는 하지 않았습니다. 서로 아끼면서도 그것이 사랑仁이라는 생각 따위는 하지 않았습니다. 성실하면서도 그것이 충忠이라는 생각 따위는 하지 않았습니다. 마땅히 처신하면서도 그것이 신信이라는 생각 따위는 하지 않았습니다. 부지런히 움직이면서 서로 도와도 그것이 '베푸는 것賜'이라는 생각 따위는 하지 않았습니다. 그래서 뭘 해도 흔적이 없고 일이 있어도 전해지질 않았습니다. ─〈천지〉

'본래 모습 그대로 건강한 나라建德之國'가 있습니다. 그곳 사람들은 어리숙하고 소박합니다. 사심이나 욕심도 적습니다. 일할 줄은 알아도 쌓아둘 줄은 모르고 주는 건 알아도 받으려고는 하지 않습니다. 무엇이 정의인지, 무엇이 예의인지도 모릅니다. 마음대로 행동해도 큰길을 벗어나지 않습니다. 살아 즐기고 죽어 묻힙니다. ―〈산목〉

황제는 자신의 음악 함지 교향곡 세 개 악장의 흐름에 대해 이렇게 말합니다.

내 음악은 두려움에서 시작됩니다. 그러나 두려우면 탈이 생기지요. 그래서 다음엔 느긋하게 연주했습니다. 느긋해지면 두려움이 사라집니다. 그리고 나서 '뭐지?'로 마지막을 장식했습니다. 뭐가 뭔지 모르면 어수룩해지거든요. 어수룩해지는 게 바로 '자연스러운 길'입니다. 이 길에 몸을 싣고서 함께할 수 있는 것입니다.

이와 마찬가지로 《장자》 교향곡을 들으면 어리숙해집니다. 이러한 상태가 장자가 말하는 큰 지혜, 큰 앎大知입니다. 큰 앎은 옳고 그름을 따지지 않습니다. 큰 앎은 듣고 싶은 대로 듣고, 보고 싶은 대로 보는 것이 아닙니다. 음악을 듣듯이 들리는 대로 들으며 곡의 흐름을 따라 듣는 것입니다. 그러다 보면 자연의 퉁소 소리, 큰 앎의 소리가 들려옵니다(〈제물론〉). '내가 옳다고 하는 것이 옳은 것이 아니었구나.

내가 아는 것이 다가 아니었구나' 하는 깨달음이 찾아옵니다. 이것이 큰 앎입니다.

3. 장자는 《장자》다

당나라 현종은 《장자》라는 책에 '남화진경'이라는 이름을 붙여주고 장자에게는 '남화진인南華眞人(남방의 아름답고 천진스러운 사람)'이라는 이름을 붙여주었습니다('남화진인'을 '남화산에 사는 진인'이라고 풀이하기도 합니다). 당 현종이 책과 저자에게 같은 수식어를 붙여 별칭을 지어주었듯이 《장자》와 장자는 많이 닮았습니다. 우리는 《장자》를 통해 장자를 볼 수 있습니다.

'순수한 사람至人'에게는 나라는 자의식이 없습니다. '마음이 살아 있는 사람神人'은 결과에 초연합니다. '훌륭한 사람聖人'은 이름에 연연하지 않습니다. ―〈소요유〉

《장자》에 나오는 이 말은 바로 장자 자신이 어떤 사람인지 말해주는 것이기도 합니다. 장자야말로 순수하고 마음이 살아 있는 훌륭한 사람입니다.

(1) 장자는 '나'라는 생각에 집착하지 않았습니다 至人無己

  어느 날 장자는 꿈에서 나비가 되었습니다. 나비가 되어 훨
훨 날아다니며 유유자적 즐거웠습니다. 그러다 보니 자신이
장자임을 잊고 있었습니다. 문득 깨어보니 장자 자신의 모습
그대로였습니다. 장자가 말했습니다. "내가 나비가 되는 꿈을
꾼 것인가? 아니면 나비가 내 꿈을 꾸고 있는 것인가? 알 수 없
구나. 나 장주와 나비는 분명 다른데 말이야. 이런 게 바로 '뭔
가 되고 있다物化'고 하는 것이로구나." —〈제물론〉

  장자가 죽음을 맞이할 때였습니다. 제자들이 장례를 성대하
게 치르고 싶어 했습니다.
  장자 하늘과 땅이 나의 관과 곽이 되어줄 것이다. 해와 달이
한 쌍의 옥이 되어줄 것이다. 하늘에 떠 있는 별들이 둥근 옥,
반듯한 옥이 되어주겠지. 그리고 모든 것이 저승길 선물이 되
어주겠지. 이러면 내 장례 도구는 이미 다 갖추어진 것이 아니
더냐? 뭘 더하겠다는 것이냐?
  제자들 저희는 까마귀와 솔개가 선생님의 시신을 파먹을까
염려됩니다.
  장자 위에서는 까마귀와 솔개의 먹이가 될 테고 아래에서는
땅강아지와 개미의 먹이가 될 테지. 저기서 빼앗아 여기에 주

는 것이구나. 불공평하질 않느냐? ―〈열어구〉

장자는 나의 정체성이나 자의식에 집착하지 않는 사람입니다. 심지어 자신이 죽어 다른 것들의 먹이가 될 것이라는 말을 담담하게 합니다. 모든 것은 자연의 흐름에 따라 무언가 다른 것으로 되어갑니다. '나'라는 자의식이 없는 사람이라면 자기주장이나 선입견이나 편견에 사로잡히는 일은 더욱더 없을 것입니다.

(2) 장자는 쓸모로 판단하지 않았습니다 神人無功

어느 날 장자가 친구 혜자와 이야기를 나눕니다.

혜자 위나라 왕이 준 큰 박 씨를 심었더니 거기서 다섯 섬들이 박이 열리더군요. 거기에 물을 채웠더니 너무 무거워서 들 수가 없지 뭡니까? 그래서 쪼개서 바가지를 만들었지요. 이번엔 너무 커서 담을 만한 것이 없지 뭡니까? 크기만 하고 달리 쓸모가 없어 깨뜨려버렸답니다.

장자 그대는 큰 것을 쓸 줄 모르는군요. …… 다섯 섬들이 박으로 큰 술잔 같은 배를 만들어 강호에 띄워놓고 즐길 생각은 못했나 봅니다. 너무 커서 담을 만한 것이 없다고 걱정만 하고 있는 겁니까? ……

혜자 나에게 큰 나무가 한 그루 있습니다. 사람들이 그것을 가죽나무라고 부르더군요. 몸통이 울퉁불퉁해서 먹줄을 칠 수 없어요. 작은 가지는 굽어서 자를 댈 수도 없고요. 길가에 서 있지만 대목들이 쳐다보지도 않네요. 지금 그대의 말이 크기만 하지 쓸모가 없어서 사람들이 그 말을 거들떠보지도 않는 겁니다.

장자 그대는 너구리나 살쾡이를 본 적이 없습니까? 몸을 낮추고 엎드려 먹이를 노리다가 결국은 이리 뛰고 저리 뛰고, 높이 뛰고 낮게 뛰다 그물이나 덫에 걸려 죽고 맙니다. 이제 들소를 봅시다. 크기가 하늘에 뜬 구름처럼 크지만 쥐 한 마리도 못 잡습니다. 그 큰 나무가 지금 쓸모없다고 걱정하지 마세요. 그것을 '담 없는 마을無何有之鄕' 너른 들판에 심으세요. 그 주변을 일없이 다니고 그 아래 누워 낮잠이나 자며 노세요. 그 나무는 도끼에 찍힐 일도, 달리 해를 당할 일도 없을 것입니다. 쓸모없다고 괴로워할 일이 뭐 있겠습니까? ─〈소요유〉

혜자가 장자의 말은 크기만 해서 쓸모없는 박이나 나무 같다고 빈정댑니다. 그러나 장자는 쓸모없는 큰 박으로 배를 만들어 놀자고 합니다. 쓸모없는 큰 나무의 그늘에서 낮잠이나 자며 놀자고 합니다. 세상은 모든 것을 쓸모로 재단하고 차별하지만 장자는 그저 쓸모없는 것을 가지고 놀

자고 하는 것입니다. 그리고 이러한 장자의 이야기 자체가
우리가 타고 놀 수 있는 배가 되어주고 우리가 쉴 수 있는
그늘이 되어줍니다. 장자는 쓸모나 효용으로 세상을 바라
보지 않습니다. 담 없는 마을에서 모두 함께 노니는 것이
세상살이입니다. 노니는 곳에서는 귀하고 천한 것이 없습
니다. 잘났다고 내세울 것도 없고 못났다고 버릴 것도 없
습니다.

(3) 장자는 이름으로 살지 않았습니다 聖人無名

어느 날 복수에서 낚시질을 하던 장자는 재상 자리를 맡
아달라는 초나라 왕의 전갈을 받았습니다. 장자는 돌아보
지도 않고 말했습니다.

장자 듣자니 초나라에는 신령스러운 거북이 있는데 죽은 지
삼천 년이나 되었다더군요. 왕이 그것을 상자에 넣어 비단으
로 싸서 묘당 위에다 소중하게 간직하고 있다지요? 그 거북은
죽어서 남은 뼈가 그렇게 받들어지기를 원했을까요? 아니면
살아서 진흙 속에서 꼬리를 끌며 다니기를 원했을까요?
두 대부 그야 살아서 진흙 속에서 꼬리를 끌며 다니기를 바랐
겠지요.

장자 돌아가세요. 나도 진흙 속에서 꼬리를 끌며 다니렵니다.

—〈추수〉

혜자가 양나라 재상이 되었을 때의 일입니다. 장자가 친구인 혜자를 만나러 찾아갔습니다. 그런데 혜자는 장자가 자신의 재상 자리를 탐내어 빼앗으러 온 줄 알고 긴장하고 있었습니다. 그런 친구에게 장자는 고고한 새 원추에 대한 이야기를 통해서, 자신이 그깟 재상 자리를 탐할 사람으로 보이느냐는 뜻을 우회적으로 전합니다.

남쪽에 원추라는 새가 삽니다. 그대도 아시지요? 원추는 남쪽 바다에서 북쪽 바다로 날아갑니다. 날아가면서 오동나무가 아니면 머물질 않습니다. 멀구슬나무 열매가 아니면 먹질 않습니다. 감로천甘露泉이 아니면 마시질 않습니다. 그런데 올빼미가 겨우 썩은 쥐를 잡아놓고서 원추가 지나가자 빼앗길까 경계하여 올려다보며 꽥 소리를 질렀답니다. 지금 그대는 양나라 재상 자리를 잡아놓고 나를 경계하며 꽥 소리를 지르는 것입니까? —〈추수〉

그러고는 장자는 혜자와 함께 연못의 다리를 거닐며 물고기가 노는 모습을 구경합니다. 친구와의 만남이 즐겁기만

한 장자는 '물고기가 즐겁게 논다'고 말합니다. 자신이 즐거우니 물고기도 즐거워 보인 것입니다. 마음이 거울입니다. 모든 것은 마음이 비추는 대로 보입니다. 그러나 장자에게 딴 속셈이 있는 게 아닐까 의심하며 장자의 속마음을 알 수 없어 하는 혜자는 장자가 마치 물고기의 마음을 알기라도 하는 듯이 '즐겁게 논다'고 말하는 것이 이해가 되지 않습니다. 그래서 물고기도 아니면서 '어떻게' 물고기가 즐거운지 아느냐고 장자에게 따져 묻습니다. 그러자 장자는 엉뚱하게 '여기 다리 위에서' 알았다고 대답합니다. 혜자의 '어떻게安 아느냐'는 말을 '어디서安 알았느냐'는 말로 받아 농을 한 것입니다.

장자는 순수하고 천진스러운 사람입니다. 그의 짓궂은 말투는 반박하기 어렵게 만드는 것이었지만 상대방의 마음에 앙금을 남기지 않았습니다. 상대를 한 방 먹이는 통쾌함이 있었지만, 상대가 화를 내기보다는 깨닫도록 만드는 힘이 있었습니다. 그것은 장자만의 순수함 때문이었을 것입니다. 그는 아무런 욕심이 없었습니다. 누구와 경쟁해서 이기려 하지 않았고 누구를 지배하려 하지 않았고 유명해지려 하지 않았고 자신을 내세우려 하지 않았습니다. 그는 가난했지만 자신의 삶에 만족하며 살았습니다. "뱁새는 깊은 숲 속에서도 둥지를 트는 데 쓸 가지 하나만 있으면 그만이고 두더지는 황하에서도 자기 배를 채울 물만 마시면 그만"
이듯이 말입니다(〈소요유〉).

장자는 위태로운 세상에 살면서 출세하는 것을 영예로 생각하지 않았고 가난하게 사는 것을 부끄러워하지 않았습니다. 그렇다고 스스로 옳다고 여기는 일을 마다하지도 않았습니다. 자신이 할 수 있는 일이라면 목숨을 걸고 해냈습니다. 〈설검〉에는 장자가 검객들의 칼싸움을 구경하는 데 빠진 조나라 문왕에게 고언을 하는 이야기가 나옵니다. 장자는 목숨을 걸고 감히 왕에게 나아가, 천박하고 살기 어린 칼싸움에 대한 취미를 버릴 것을 설득합니다. 장자의 이러한 용기는 사랑에서 나온 것입니다. 노자의 말대로 "사랑하므로 용감할 수 있는 것慈故能勇"입니다(《도덕경》 67장).

장자는 자신을 드러내려 하지 않았고 출세하려 하지 않았고 유명해지려 하지 않았습니다. 그래서 그에 대한 기록이 거의 남아 있지 않습니다. 남아 있는 소수의 자료를 가지고 추정해보는 장자라는 사람은 이렇습니다. 기원전 4세기(대략 기원전 370~300년경) 사람으로, 이름은 주周입니다. 송나라의 몽 지방(지금의 하남성 귀덕부 상구현 부근)에서 태어났고 칠원이라는 마을에서 뽕나무지기를 하기도 했습니다. 장자는 텅 빈 곳에서 숨은 빛葆光으로 세상을 비춰주며 욕심 없이 겸허하고 소박하게 살았던 아름답고 천진스러운 철학자입니다.

4. 마음으로 하는 철학

머리와 다리는 있어도 마음과 귀가 없는 자들이 많습니다.
―〈천지〉

장자는 작은 앎小知에 갇혀 진위와 시비를 따지는 논리 이
성이나 인의예악이라는 도덕 이성에 갇힌 작은 철학으로
세상이 길을 잃었다고 슬퍼합니다. 논리 이성이나 도덕 이
성에 의한 판단으로 차별하고 배제하고 담을 쌓게 되는 세
상을 슬퍼합니다.

논쟁가로 유명한 공손룡이 장자의 이야기를 듣고 멍해졌
듯이 우물 안 개구리가 동해 자라에게 바다 이야기를 듣고
놀라 자빠집니다. 그리고 황하의 신 하백이 바다를 보고는
자신이 얼마나 보잘것없었는지를 깨닫습니다. 바다의 신
북해약도 마찬가지입니다.

세상의 물은 나보다 큰 게 없습니다. …… 그러나 나는 스스
로 많다고 여긴 적이 없습니다. 나는 내 모습을 하늘, 땅과 비
교해봅니다. 음양에서 '생명의 흐름氣'을 받아 내가 하늘과 땅
사이에 있는 것입니다. 마치 조그만 돌멩이나 키 작은 나무가
거대한 산에 있는 것과 같습니다. 얼마나 적은 존재인지 바로

드러납니다. 어찌 스스로 많다고 하겠습니까? ―〈추수〉

혜자는 장자의 이야기가 쓸모없이 크기만 한 박이나 나무 같다고 했지만 장자는 자신의 이야기도 큰 것이 아니라고 합니다.

터무니없는 이야기, 황당한 말, 밑도 끝도 없는 말들을 이따금 제멋대로 했습니다. …… 결대로 다하지 못했습니다. 다가오는 것을 벗어버리지 못했습니다. 아득합니다. 잘 모르겠습니다. 다하지 못한 것들이 있습니다. ―〈천하〉

이렇게 장자는 자신의 이야기가 읽어볼 만은 하겠지만 충분하지 못했다고 합니다. 큰 앎이란 '내가 다 알 수 없다'는 것을 받아들이는 열린 태도입니다. 남들은 바다가 크다고 하지만 자신도 하늘과 땅 사이에 있는 작은 존재임을 아는 바다의 신 북해약처럼 스스로 '잘 모르겠다, 다하지 못한 것이 있다'고 여기는 장자야말로 열린 태도를 가진 큰 철학자입니다. '세상은 넓고 내가 다 알 수 없다'는 것을 받아들이는 장자의 바다처럼 넓은 마음은 느긋합니다. 장자는 사람이 알 수 있는 것은 얼마 되지 않으며, 그러나 바로 그렇기 때문에 사람은 자연이 말해주는 것을 들을 수 있다고 말합니다(〈서무귀〉).

'나는 다 알지 못한다', '내가 옳지 않을 수 있다'는 열린 마음은 자연에 귀 기울이게 합니다. 어떤 것과도 어울려 그 무엇이든 있는 그대로 보고 듣게 합니다. 장자는 작은 앎만 사랑하다 죽어가는 철학을 큰 바다로 향하게 합니다. 여기에 큰 앎을 사랑하는 큰 철학이 있습니다. 여기에 '담 없는 마을無何有之鄕'에서 '노니는 마음遊心'으로 함께 하는 즐거운 철학이 있습니다.

장자 철학은 내가 아는 것이 다가 아니라는 큰 앎을 깨달은 큰 철학, 바다와 같이 모든 것을 품어주는 포용의 철학, 있는 그대로를 맑게 비춰주는 거울 같은 철학, '죽어가는 마음近死之心'을 살리는 생명의 철학, 노니는 마음을 회복시키는 즐거운 철학, 놀이의 철학입니다. 《장자》는 머리로 읽고 이해하는 책이 아니라 마음으로 읽는 책입니다.

갇힌 앎을 열린 앎으로, 작은 이성小知을 큰 이성大知으로 키우는 책 《장자》야말로 위대한 철학책이 아니겠습니까? 철학은 머리가 아니라 마음으로 하는 것입니다.

원래 《장자》라는 책은 10만 자나 되는 방대한 것이었다고 합니다. 현재 전하는 《장자》는 7만 자가 조금 안 되는 분량입니다. 이 책 《마음으로 읽는 장자》는 그 가운데 대략 1만

6,000자 정도를 뽑아 13개의 주제로 다시 엮어, 가뿐하게 읽을 수 있도록 재구성한 것입니다. 이것을 읽으며 함지 교향곡을 감상하듯이 두려움에서 느긋함으로 마음이 바뀌는 것을 경험하고 뭐가 뭔지 잘 모르는 어리숙한 마음이 살아나는 것을 느끼셨다면 《장자》를 마음으로 읽은 것입니다. 굳어진 생각, 편견과 선입견이 막고 있던 마음에 문이 열린 것입니다. 열린 마음에 바람이 부니 큰 앎의 소리, 《장자》교향곡이 들려옵니다.

2014년 4월

조현숙

마음으로 읽는 장자

펴낸날   초판 1쇄 2014년 5월 15일

지은이   장자
옮긴이   조현숙
펴낸이   김직승

펴낸곳   책세상
주소   서울시 마포구 광성로1길 49 대영빌딩 4층(121-854)
전화   02-704-1251(영업부), 02-3273-1333(편집부)
팩스   02-719-1258
이메일   bkworld11@gmail.com
홈페이지 www.bkworld.co.kr
등록   1975. 5. 21. 제1-517호

ISBN   978-89-7013-872-5 03150